人生很難，
[illegible]人
不必假裝強大

解憂診療室，芸芸眾生苦，
42 個你會遇到的心理諮詢案例：
孤獨、創傷、背叛、渴望愛與厭世。

資深心理諮詢師
王璽——著

目錄

第三章 哪怕你什麼都做不了，也別對自己說「加油」 227

推薦序一

如果你已經很努力，剩下的時間就用來擁抱自己

作家／P's

有時候你是不是會想，為什麼別人的人生能平步青雲，而你的卻滿地荊棘？我也是，這念頭就像海上的浮標，在我遇上迷茫時載浮載沉。

從年少到成年，每個階段都有細數不完的煩惱，課業到職場、人際關係與愛情，盤根錯節，最後都變成心頭上的結。煩惱之所以為煩惱，並不是完全束手無策，更多時候**只是找不到辦法**，或者羞於求救，只能一個人在裡頭繞圈，最後繞成惡性循環的輪迴。

曾經我也覺得自己心理生病了，在一場失戀之後。

我付出所有我能付出的，從真心到物質，我並不覺得自己有辜負對方什麼，可是我終究沒能留住那段關係。那時候的我，只想一個人躲在房間裡，負面的想法幾乎占滿我的思緒，我變得敏感，一點風吹草動就能刺激我的淚腺；我變得害怕人群，任何的言語都使我焦躁不安。而我身邊的人，也因為知曉我的情況而變得小心翼翼。即使我了解他們出於善意，可我卻只是不斷給自己莫名的壓力，責備自己的不爭氣，打亂了生活，也打擾了他人的平靜。

這樣的情況維持了好幾個禮拜，直到某天，一個完全不知道我正在經歷著什麼的朋友，若無其事的與我談笑風生。我和他說，這陣子因為失戀，我的狀況不太好，他只是爽朗的告訴我，他也剛失戀，難過了好幾天，但他對於這段關係已經問心無愧，所以只要一想到這樣，他便不覺得還要浪費時間悲傷。

他開朗的自白就像撥雲後照進的光，亮了整間房。

後來我才明白，人生的大小事，不過就是那四個字「盡力就好」。我們能力有限，無法盡善盡美，但如果已經很對得起自己，那又何必感到慚愧。

也許有時我們**太在意結果**，所以當不如預期中的答案公布時，**內心的脆弱**一**不小心就會弄傷自己**，而我們仍執意看著傷口，忽略了那一路過來的足跡，都是真切而踏實的存在。

人是很辛苦的，因為有思考，因為有情緒，那煩惱肯定堆積如山。**人生很難，沒有誰可以過得簡單**，而我們能做的，除了盡力，剩下的就是運氣。既然如此，與其花時間責怪自己，或者怨天尤人，不如給已經這麼努力的自己，一個溫柔的肯定。

有些傷痛我們習慣放在背後，久了就成為我們的影子，以為看著前方就能淡去，卻一生如影隨形。作者以心理諮詢師的專業與角度，寫下我們每個人生命中都可能存在著的種種艱難與困擾，也許是解答，又或者是路口的指標，但願你我都能在這本書裡，學會擁抱自己，從文字中得到療癒。

推薦序二

唯有理解人的懦弱，才是變得強大的開始

哇賽！心理學創辦人兼總編輯／**蔡宇哲**

以前剛開始念心理學的時候，我的第一志願是當個心理師，當時心想，可以用專業幫助人肯定是件有意義的事。

等到實際接觸到臨床心理學後，我才知道，自己完全不適合當心理師，因為我總是聽到某些情境後就想要直接給建議，告訴別人該怎麼做會比較好。

曾經聽某位心理師朋友提到：「即使是同樣的困擾，一百位個案會有超過一百種模樣。不只每個人都不一樣，隨著時間與空間變化也會有不同的模樣。」

心理治療並不是單純在對症下藥，不是使用了某種治療法就能藥到病除，而是必須陪著個案從生命經驗中萃取出能量來，讓他有足夠的力量靠自己站起來。

一開始我不懂，為什麼重新檢視自己的生命經驗可以獲得能量，不就是一些挫折、悲傷與難受的故事嗎？

隨著人生經驗的增加，我好像懂了一些，那就是當你可以**從不同的角度來看待並思考同一件**

事時，對生命的體悟是可以讓人生出能量的，尤其是那些跟自己生活有關的故事。

在閱讀《人生很難，你可以不必假裝強大》這本書時，就有這種感覺。作者寫了許多前來求助的個案故事，以文字將他們的感受與經歷化為生動的影像。然而，書中並沒有要談這些困境該怎麼處理、治療，只是透過助人者的思緒去理解這些人的困境，並看見當中的癥結。

至於解決方法，那並不是重點，身為讀者我並不用解決這些人的問題，只需要從生命片段中獲得成長的養分。

我特別喜歡其中一篇講述孤獨的故事，那讓我聯想到幾位朋友與學生，他們總表現得獨來獨往，認為自己不需要與其他人連結，日子也可以過得很好。但相處久了之後就感覺得到，他們其實並不是不需要朋友，而是**害怕自己不被需要**，為了不讓這種恐懼浮現，乾脆就讓自己不要有機會面對。

曾有一位學生告訴我，他開始工作後覺得公司同事都很難相處，但又不得不一起合作。直到有一天突然想到：究竟是每個人都難相處，還是其實是自己的問題？他領悟到其實是自己在逃避改變，希望可以一直在安全的玻璃瓶裡。

在他們的成長經驗中，我看到這些人改變的契機，都是來自於**看見自己內心的脆弱**。

我常常提醒自己，也會跟一些學生聊，不要只注意自己很棒的那一面，更需要去正視內心黑暗、脆弱與不願面對的部分。

因為**唯有理解人的懦弱後，才是變得強大的開始**。

（本文作者為台灣應用心理學會理事長、「哇賽！心理學」創辦者兼總編輯。在泛科學、幼獅少年、國語日報科學版等擔任專欄作者，同時也經營Podcast「哇賽心理學」。著有《神奇的心理學》、《哇賽！心理學》、《用心理學發現微幸福》。）

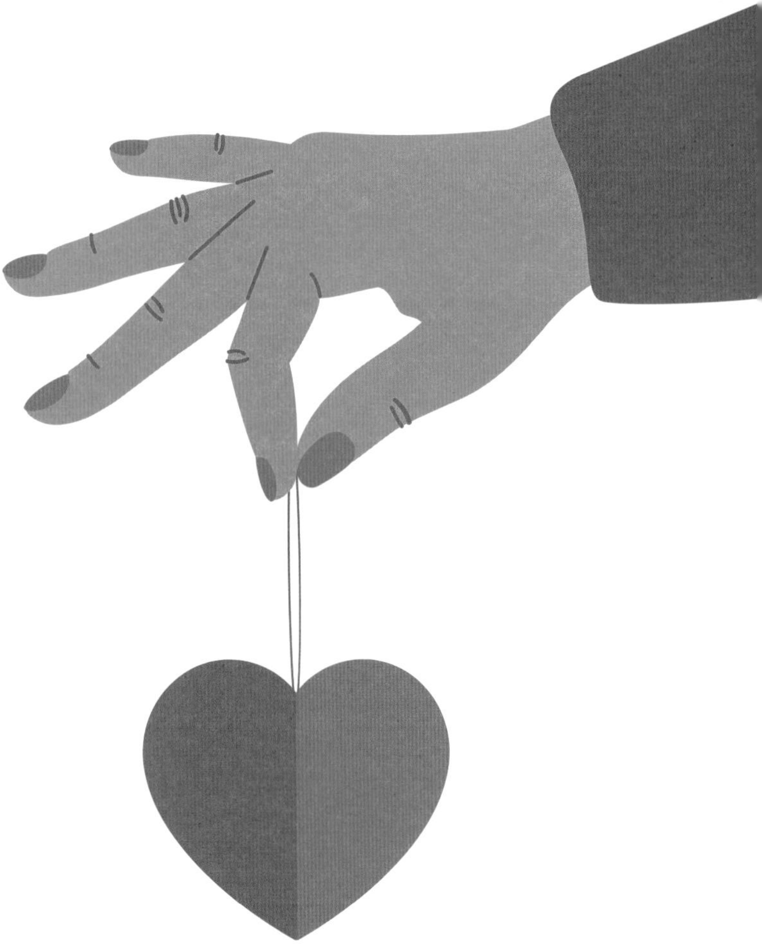

在世上，
最讓人畏懼的
恰恰是通向自己的道路。

很多時候支撐我們活下去的，
不過是有人在恰當的時候，
用力托了我們一下。

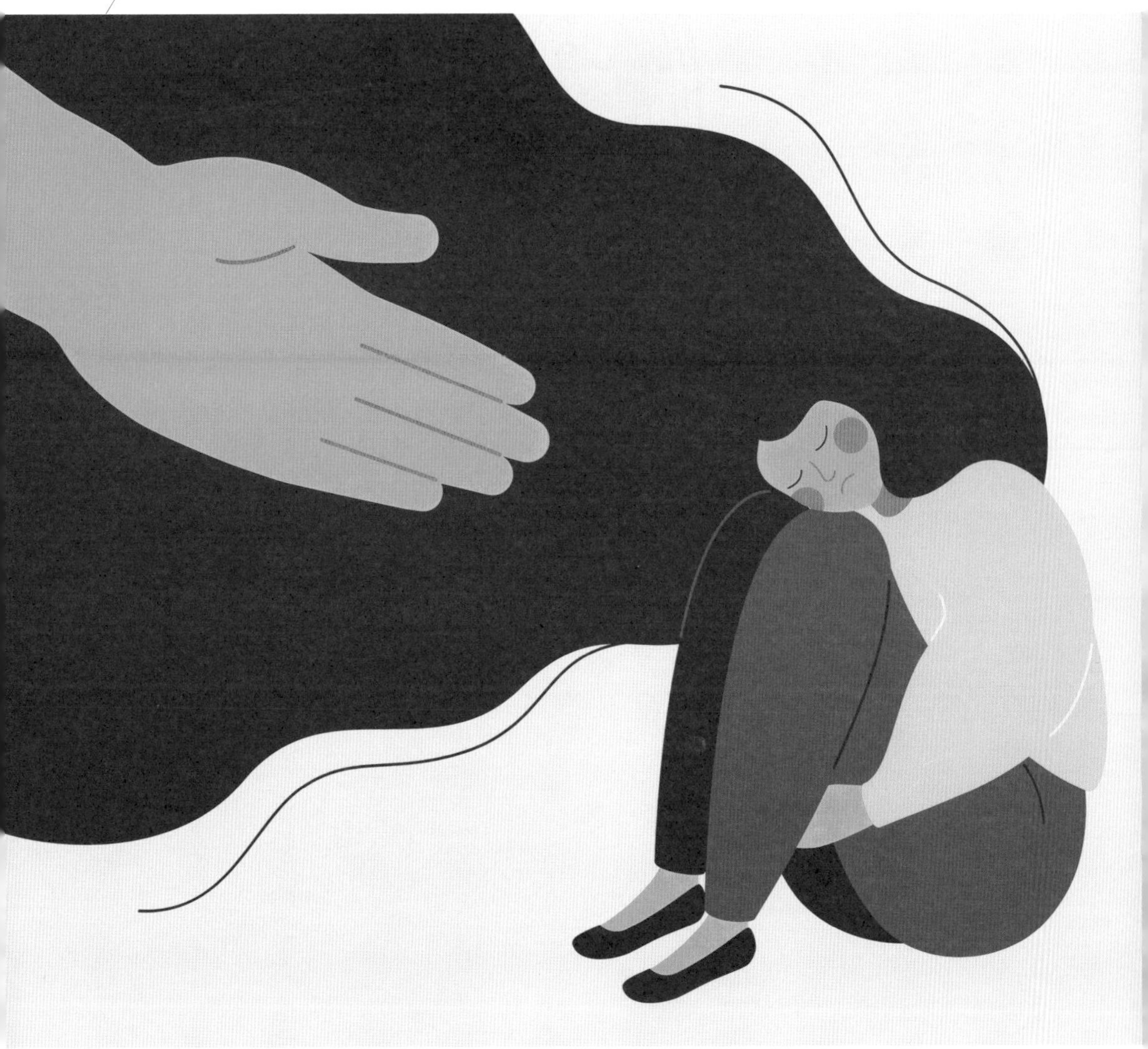

如何面對憂鬱？
放棄對抗，允許自己掉到谷底。
只有掉到最絕望之處的重新站立，
才最有力量。

如果我們的心不能平靜，
其實逃到哪裡
都逃不過內心的糾結與掙扎。

我們自己杯子裡沒有水的時候，
是沒有辦法給別人倒出水來的。
我們自己心中沒有愛的時候，
是沒有辦法為別人付出愛的。

第一章

人生很難，你管不了世上的每一張嘴

一個人需要不停的證明自己，
恰恰說明他對別人的話是認可的。

正能量，竟是讓你崩潰的第一步

「太可怕了，我的房間裡有一個鬼……。」

我們看到的鬼，到底是誰？

＊＊＊

第一次見到芳的時候，我被她的狀態嚇了一跳，三十多歲的她，面容憔悴，眼圈烏黑，身體僵硬，眉頭緊鎖，從頭到腳暮氣沉沉、老態畢露，沒有一點活力與朝氣。

我不由得在心裡揣度：她經歷了什麼？因何而來？

很快就有了答案。

芳是一位高三班主任老師，正帶著一個即將高考[1]的班，她不得不前來諮詢的原因是她的狀態實在太糟糕了，嚴重的焦慮和失眠已讓她無法維持正常的工作和生活，而她認為這都是工作壓力大導致的。

她害怕自己狀態太差，難以勝任工作，把孩子們給耽擱了，已想好諮詢是自己的最後一根稻

1 類似臺灣的學測、指考。

草。如果諮詢沒有用，糟糕狀態仍然持續下去的話，她會考慮辭職休養。

她苦笑著對我說：「我熱愛我的工作，但關鍵時刻我得保命，對吧？」

她這樣說一點都不誇張，嚴重的失眠和焦慮正在摧毀她的身體和生活。不明原因的身體疼痛、免疫力下降、脾氣暴躁，讓她晚上睡不著、白天不想睡；結果越焦慮越睡不著，越睡不著越焦慮，陷入無法自拔的惡性循環中，整個人都快崩潰了。

她焦慮到只能淺淺的坐在諮詢室的沙發邊上，屁股只占了一點點位置，身體像懸吊在半空，緊繃著前傾；雙手緊握成拳，眼睛瞪得溜圓，急切緊迫目不轉睛的盯著我，彷彿我手裡有靈丹妙藥最好趕緊掏給她一樣。

這使我確信她現在最需要的是先放鬆下來，因此前幾次諮詢，我會在最後預留十分鐘引導她呼吸、放鬆。這個過程起初她特別抗拒，無論如何也無法進入狀態，好在她對我有了信任之後，開始慢慢放鬆，坐在沙發時的姿勢也舒服些了。

＊＊＊

每週一次諮詢，芳的狀態逐漸好轉，尤其睡眠有了很大的改善，這令她非常開心。

有一週因為我要培訓，諮詢中斷了一次，再見面時她很焦慮：「王老師，我每次做完諮詢，接下來的一週都會放鬆很多，睡眠也好一些。但上週停了諮詢之後，我感覺我的狀態又回去了，連續幾天都睡不好，心裡很恐懼……。」

我說：「能跟我講講妳的恐懼嗎？」

她說：「其實有件事我一直沒告訴妳，不是不信任妳，是那件事實在太可怕了，我跟誰都沒有說過！」

我鼓勵她說出來，她皺著眉頭、望向腳尖，終於像是鼓起很大的勇氣對我說：「我一直覺得，我住的房間裡有一個鬼……。」

我問：「妳什麼時候開始有這種感覺的？」

她說：「半年前，我自己一個人租房子住以後……。」

我說：「在其他地方，比如妳父母家、男朋友家，妳還看到過鬼嗎？」

她搖搖頭：「從來沒有。所以我很討厭一個人住，但又沒辦法，上班太遠了。」

我說：「妳說的那個鬼一般都出現在房間的哪個位置？」

她說：「它總是在客廳沙發上坐著，好大一團，很黑、很可怕……我晚上都不敢去廁所，因為廁所就在客廳那邊。」

我說：「妳願意現在再去看看那個鬼嗎？看看它長什麼樣？」

她驚恐的搖搖頭，想想後又點點頭。

我說：「這裡很安全，有我陪著你。」

引導她進入淺度的催眠狀態後，她在想像中回到自己租住的房子裡，在暗夜裡一步步向客廳走去，快走到沙發時停了下來，不想再走了，但我鼓勵她往沙發靠近，再靠近……。

芳：「我看到了，是個男的。」

我：「再仔細看看，他長什麼樣？」

不一會兒，她突然一聲驚叫，捂著臉瑟瑟發抖：「好像是我爸爸，天哪，太可怕了……。」

＊＊＊

芳十歲那年，她爸爸因出車禍導致下身癱瘓。爸爸癱瘓後不能再工作了，一直當家庭主婦的媽媽只好出去找工作，一邊工作一邊照顧癱瘓的老公，還有芳和六歲的小兒子。後來，媽媽因為壓力太大，所以情緒越來越急躁，常常失控到歇斯底里。

家境敗落帶來的巨大變化，導致了芳的自卑心理。從前的她活得像小公主般無憂無慮，吃穿用度都比同齡孩子好，但爸爸的癱瘓結束了這一切，芳彷彿一夜間長大了。她說自己從此再也沒撒過嬌，再也沒向父母開口要過東西，她曾經為了學校要繳一百多元（按：約新臺幣四百二十元，全書之人民幣兑換匯率，以臺灣銀行四月之公告均價四．二元計算）的校服錢而痛苦糾結，不忍心向家裡要這錢，最後是一個好朋友的媽媽偷偷替她繳了（這又帶來另一種內疚）。不僅如此，她還要幫媽媽做很多家事，還要照顧爸爸和弟弟……。

這種生活狀態一直持續到她念完大學、開始工作，每個月她賺的錢都要貼補家用，這使她很難下決心和男朋友結婚，怕拖累了對方。

而爸爸，那個本該承擔這一切的男人，多年來就一直癱在那裡，曾經開朗幽默的他內心變得扭曲又脆弱，煩的時候還會對著家人大喊大叫、亂發脾氣，這讓芳很煩躁，卻又難以應對。

但在家裡她和爸爸關係最好、最談得來，很多事都會跟他講。她很清楚爸爸最疼愛她，每個週末她回家，是爸爸最期盼也最愉快的時候。

有一次父女倆閒聊，她爸爸突然舉起手機叫她看：「芳，你看，這雙鞋滿好看的！」她一看，是一雙標價五百多元的白色男款運動鞋，突然很生氣的說：「你都走不了路了，難道還想買鞋穿？」

她爸當場如遭雷擊，她也被自己衝口而出的話嚇到了。

這件事讓她內疚、自責了很久，她從未意識到自己對父親竟然有這麼多情緒，而這些情緒裡的怨恨與憤怒竟是如此強烈，這令她非常恐懼，拚命想把這些情緒壓下去。之後，她對父親加倍的好，想以此彌補心裡的愧疚。

當她在諮詢中表達了所有壓抑的情緒與感受時，鬼的意象消失了。

經過一段時間的諮詢，芳的情緒日趨平穩，睡眠越來越好；一個人心情好了，對未來就會有所期待，她做出一個重要決定：和男友結婚。某一次諮詢時，她還特地帶男友來見我，那是一個穩重樸實的男人，我真為她高興。

她的諮詢還在進行，但工作與生活已步入正軌。

＊＊＊

很多在諮詢中跟我講到鬼、懼怕鬼的來訪者，當我們可以一起去談論、去面對和處理這份恐懼的時候，鬼的意象無一例外都消失了。

在不同人的意象裡，這個鬼可能是男鬼，也可能是女鬼，可能是面目猙獰的陌生人，也可能是身邊最熟悉的人。無論鬼以何種面目呈現，其實都不是我們看到的人，比如芳看到的是爸爸，但其實並不真的是爸爸。

我們看到的鬼到底是誰呢？

那個**鬼，就是我們自己**。

鬼代表的是怨氣，是憤怒，是我們不敢表達出來、最真實的情緒和黑色能量，是我們難以示人的靈魂深處的卑微、骯髒、醜陋、齷齪……。

在意識層面，我們害怕這些醜惡的東西出來，會拚命壓制它們，因為這部分代表我們是壞的；一旦把這些壞放出來，會產生巨大的攻擊性，會讓周圍的人不舒服，會帶來很多破壞，這是我們難以承受的後果。

而做好人，尤其是濫好人，顯然就安全多了。

各種雞湯文都在大力的宣揚正能量，正能量的確是好東西，但過於強調就意味著對負能量的拒絕。

越是強調正能量，壓抑的負能量就越多。

被壓抑的負能量，就是住在我們心裡的惡魔。

能量其實沒有好壞之分，但凡是能量，就一定有它存在的合理性和意義。能量必須有它的出口，任何抗拒、壓抑都沒有用。

那些能夠透過安全途徑釋放負能量的人，往往活得比較通透、自如、真實。

一味壓抑負能量的人，隱藏的攻擊性其實比誰都大，只是這攻擊性**有時朝向別人，有時朝向**

自己。

一般而言，朝向自己的自我攻擊最多。除了自我攻擊，有時還會挑身邊最親、最弱的人下手，比如在公司裡看上去人緣超好的人，回到家裡可能是令家人害怕的暴君。

So，當一個貌似無害的濫好人，真的不容易。

治癒你

很多人都說自己怕鬼、怕黑。其實世上沒有鬼，很多人怕的，是自己無法接受並壓抑的負能量和內在潛藏的攻擊性。一旦我們可以面對這些情緒，能夠表達攻擊性，像接受正能量一樣接受負能量，怕鬼的恐懼心理就會消失。

沒有人是一座孤島

「我覺得沒有人需要我。」

「但是你需要。」

＊＊＊

常有人問：「妳做了這麼多年的諮詢，看過那麼多來訪者，妳都記得他們嗎？」

其實這也是來訪者最關心的問題：「如果有一天我們沒有諮訪關係了，不再見面了，妳還會記得我嗎？」

能否被自己的諮詢師（按：等同於臺灣的心理諮商師）記住，對來訪者來說很重要。很多隔一段時間又來做諮詢的人，見到我第一句話往往是：「妳還記得我嗎？」

當然是記得的，只要找我諮詢的人，我都記得。

只要建立過諮訪關係，彼此間就像建立了一種神祕的連結。

很多來訪者說某些時候腦子裡會浮現我的面容，會想起我說過的某句話。對此我深有同感，因為我有時候也會突然想起某一位來訪者，牽掛他現在怎麼樣了。

這都是諮訪關係中真實存在的部分。

無論時光如何變幻，總有一些記憶會留下來。

總有一些人，讓我印象特別的深刻。

＊＊＊

幾年前我在那家以神經內科聞名全國的三甲醫院[2]做諮詢，某天上午，有個年輕人來看病，他才二十三歲，因為經年累月的失眠，整個人消瘦得很厲害。

睡眠不好的人精神狀態都是很差的，他的眼圈發黑，呼吸短促，感覺氣都快喘不過來了，站在診療室裡一副隨時要倒下去的樣子。

他主動提出想做諮詢，主任讓他自己挑選老師，他一眼便相中了我。

那真是一次難忘的諮詢，他的悲傷、絕望彌漫在諮詢室裡，令人倍感沉重。

在他一歲多的時候，年輕的父母因車禍雙雙亡故，家裡沒有別的親人，他被安置收養在當地的孤兒院。

幼小的他突然失去雙親的庇護，從此生活在無所依靠的驚恐之中，雖然最初的記憶他幾乎沒有了，但那種驚恐的感覺在記憶中存留下來，一直到現在。

他形容生活中的自己宛若驚弓之鳥，很容易被什麼東西驚嚇到，尤其是雜訊和黑夜，一進入

2 三級甲等醫院，在中國代表最高等級的醫院。

黑暗他就沒法入睡，腦子裡有各種念頭在狂奔。

除了恐懼，還有孤獨，致命的孤獨。記憶裡沒有人抱過他，沒有人跟他親密過，他內心嚴重缺乏安全感。

他說自己生活的每一天都是固定的重複，像影印機印出來的刻板單調，他還說：「我活一天跟活一年沒有區別。」

我曾去過孤兒院，非常能理解他所說的狀態，那裡面收養的孩子太多了，而且各種年齡層的都有，照顧他們的人根本忙不過來。很多不會走路的嬰幼兒躺在床上，自己跟自己咿咿呀呀的說話，見有人來的時候眼睛一亮，伸出小手要你抱。還有一些孩子是不伸手的，那意味著他已經歷了太多的失望，不再渴求什麼了。

我抱過一個小男孩，剛一抱起他，那孩子就像海綿吸水般貪婪的緊緊貼住我，小臉蛋一臉的享受，他的這份依戀讓我久久不忍放下他，最後不得不放下他的時候，看著他失望又期待的眼神，我的心很痛很痛。

我內心當時有一股強烈的衝動，想要把他領養回家，這個衝動讓我在孤兒院門外徘徊了很久。最後我強迫自己打消這個念頭，那是在雲南麗江[3]，離北京太遠了。

現在回憶起和他分別的那一幕，當時自己複雜的心情依然清晰如初，這麼多年一想到他，我的心還是很痛。

再說回這個年輕人，長大後他被送去學電工技術，這門技術雖說可以讓他自食其力、不愁吃喝，但同時帶來了另外的恐懼——踏入社會這個大環境必須自己去面對一切的恐懼。

之前在孤兒院和學校裡雖然沒有多少歡樂，但他心理上對那些環境已經有了很深的依賴，那畢竟是個有很多同類的穩定的所在。到了工作環境，他最大的障礙是不知該怎麼和其他人來往，甚至連怎麼說話他都拿捏不好，所以乾脆不說。

同事眼裡的他是孤僻的、沉默的，他就像隱形人一樣盡可能把自己藏起來，這使得別人很難關注到他，甚至常常忘了有他這個人的存在。上班的時候，他該工作就工作，下班後就逃進自己的小屋裡，跟誰也不相往來。

一直以來，他的世界裡只有他一個人，當他意識到這一點，常常有要瘋掉的感覺。

他說：「我不知道活著有什麼意思，我常常感覺自己是多餘的。」

我說：「你的爸爸、媽媽若地下有知，一定希望你活下去，延續他們的血脈。你好好活著，對他們一定是很大的安慰。」

這段話讓他眼睛亮了一下，但很快眼神又黯淡了：「我對他們沒有任何印象，我什麼都不記得了。」

然後又說：「也許早一點死去對我是一種解脫。」

我說：「嗯，有時死去的確比活著容易。但我想，你心裡一定是想要好好活下去的，不然你

---

3 位於雲南省西北部，一九八六年被中國列為國家歷史文化名城；距北京約三千公里。

不會跑這麼遠，跑到北京來，找最好的神經內科醫院，掛這麼難掛的專家號[4]。」

他突然哽咽了。

我繼續問：「真的沒有一個親人了嗎？你有沒有嘗試過去尋找？」

他說：「後來找過，有一個很遠的遠房親戚，逢年過節有時會去他家吃飯。」

我聽了替他高興，但他立刻說：「不過我大概不會再去了。」

問為什麼，他說：「我覺得那個親戚之所以還認我，是看我還能賺錢，過去我經常買東西給他，有一次去了他家裡但沒有買，他對我的態度就不一樣了。」

他看看我，接著說：「我不想要靠花錢來讓別人關心我。每次去他家，我都要買幾百塊錢的東西，不過只是吃頓飯而已，我們根本不親。」

＊＊＊

我很能理解他的感受。從小缺乏愛的孩子大多比較敏感，骨子裡根本不相信有人會真的對自己好。

這樣的孩子還很善於察言觀色，別人任何細微的表情或話語都很容易被其捕捉到，並且習慣去猜忌。哪怕別人無心的一句話，也容易傷害到他們，甚至因此也很容易和許多關係決裂。

他的話特別少，表達比較遲緩，感覺是一個字一個字往外蹦，交談起來很不順暢，很多時候需要我主動引導，他才擠牙膏似的說出點什麼，一個小時的諮詢顯得無比沉悶壓抑。我理解這可能跟他在孤兒院的經歷有關，那裡的一些孩子有時一整天都不說話，語言功能明顯退化。

考慮到第二天他就要離開北京，諮詢時間又快到了，我很想多給他一些支持：「雖然諮詢中一般不給建議，但我還是想跟你說，你的狀態讓我很擔心，雖然藥物可以幫助你緩解失眠症狀，但改變不了你的心理和生活狀態。你需要跟人多多接觸，多走出去看看外面的世界，這對你有好處的。」

他苦笑：「再說吧，我覺得沒有人需要我。」

我看著他的眼睛，鄭重的說：「但是你需要。」

在他的診療本上，我寫下的建議是：「接受當地機構的心理諮詢，繼續做長程諮詢。」

在我看來，這是我能為他做的最重要的一件事情了。當一個人沒有辦法和這個世界連結的時候，諮詢是最好的橋梁，諮詢師是最好的客體。

諮詢結束後，他收拾背包準備離開，他的動作很慢很慢，這讓我意識到他不太想馬上離開。看著他單薄孱弱的身體，那一瞬間我有一種衝動想抱抱他，就像媽媽擁抱孩子一樣，但最終我還是忍住了，因為及時察覺到了自己的反移情[5]。

這位年輕人是我經常會想起的來訪者，儘管只做了一次諮詢。

---

4 由副主任級醫師以上的醫生出診的門診。

5 counter transference，諮詢師對患者的感情投射；移情作用則是指，患者的欲望轉移到諮詢師身上而得以實現的過程，最早由佛洛依德提出。

這一次在回想這個個案時，我猛然意識到，他雙親遭遇車禍死去的年齡，正好是他當初來治療的年齡。父母死亡的年齡，是生命死亡順序的強力隱喻。父母消失了，在世間繼續存活的孩子，無論年紀多大，都意味著與世上最緊密的連結消失了。很多人會據此擔心自己的壽命，引發很多焦慮、恐懼（按：父母代表女子與死亡之間的防線，一旦失去父母，成人孤兒容易對生命的意義產生疑問）。

在此後的很多諮詢中，遇到類似處於極度憂鬱、封閉狀態的來訪者，我都會想到他。當我的來訪者慢慢從封閉狀態中走出來，可以去觸碰和探索這個世界的時候，欣慰之餘也會想到他。

不知道他還好嗎？

有沒有找到一個人，可以理解他，陪伴他，陪他走過生命中的荒漠與溝壑？

希望他不再絕望、孤獨，希望他有新的生活，希望他可以好好活下去，活在與他人與世界的關係裡。

沒有關係，無論誰都會活得格外艱難。

沒有關係，與慢性自殺無異。

願所有人都活在關係裡，以約翰．多恩[6]（John Donne）的詩與所有孤獨的靈魂分享：

「沒有誰能像一座孤島

在大海裡獨踞

每個人都像一塊小小的泥土
連接成整個陸地
如果有一塊泥土被海水沖去
歐洲就會失去一角
這如同一座山岬
也如同你的朋友和你自己
無論誰死了
都是自己的一部分在死去」

治癒你

現實生活中，如果與人缺少真實的關係與連結，我們常常會活在自怨自艾的孤獨中，並被孤獨吞沒。因此，長期處於孤獨中的人很容易憂鬱，對生活失去興趣。

走出家門，擁抱這個世界，打破心靈的枷鎖，能幫助我們擺脱孤獨，重建對生活的信心。

6 英國詹姆斯一世時期的玄學派詩人。

你的委曲求全，終究不值得

請你告訴我，我到底會不會瘋？
煤氣燈效應又叫洗腦燈，它是一種認知否定，
透過扭曲受害者眼中的真實而進行的心理操控與洗腦。

＊＊＊

一大早，她和老公就端坐在諮詢室等候區了。

路過時我匆匆瞥了一眼，一對漂亮體面的人，沉默的坐著，神情凝重。

這是前一天臨時加約的諮詢，助理說前天晚上夫妻倆在家打架，還動了刀。

妻子先進來的，一見我，未語淚先流：「今天我來這裡諮詢的目的只有一個，妳看我到底會不會瘋？」

這樣的開場白令我非常意外。

她含淚訴說，她和老公結婚三年，有個一歲的女兒。當初談戀愛的時候，她的親朋好友都說他們並不般配。她是某外商高階主管，他是普通的公司職員，她的學歷、工作、收入都比他好太多了。

之所以選擇他，是因為她覺得自己年紀大了，東挑西選總不合適。相親遇到他，他外表英俊，性格外向，很吸引她，再加上她認為自己性格太內向，有這麼個幽默風趣的人，簡直就是最佳互補。

不顧親朋好友的提醒和反對，她執意選擇了他。

最初的生活是甜蜜的，但隨著時間推移，越來越多的不和諧出現了，夫妻倆在很多問題上觀念、看法不一致，常常發生爭執。每次爭執，她老公都會罵她有病，說她心理有問題，到後來越演越烈，一吵架就說她說不定哪天會瘋掉。尤其當她被氣得越發抓狂暴怒的時候，她老公都會無情而冷靜的強調這一點。

等到她慢慢平靜下來，回想自己在吵架中的表現，也覺得自己發作時的狀態不正常，懷疑自己會不會哪天真的瘋掉。

老公的評判與攻擊，已給她造成了嚴重的心理負擔。

前天晚上，當他再次說她是瘋子的時候，她氣得抓起一把水果刀要去刺他，情急之下她老公也抓了把水果刀（事後他說是自衛），兩個人在屋子裡追逐謾罵。一片混亂中，正在一旁給孩子餵飯的保姆阿姨嚇得驚叫失聲，孩子也大哭不止。好在最後沒有人受傷。

但這件事情太嚴重了，她實在受不了了，一定要證明給這個男人看，自己到底正不正常，到底會不會瘋。

於是，打完架的第二天，夫妻倆直奔北京某醫院。

醫生讓她做了相關心理量表測試，並與她進行了交談。

此處解說一下，心理測量是心理診斷的輔助工具，只具有參考價值，不能作為最後的確診依據。正確的診斷只能等心理醫生跟病人談話之後再做評估，如果醫生的判斷跟心理測量的結果不一致，則以醫生的判斷為準。

醫院診斷表明，她有輕度憂鬱。

對這個結果，她很開心，以為足以讓老公信服。沒想到剛出醫院大門，她老公陰陽怪氣的說：「測試完全可以作假，妳不一定如實填寫呀。至於醫生跟妳交談那幾分鐘，時間那麼短，他能看出什麼問題？」

她的心立即往下一沉，雖然面上不悅，但心裡承認他的話有道理，量表測試時自己對某些問題的確有故意迴避和掩飾，並未完全如實填寫。

於是，她決定來做諮詢。他雖然不太樂意，但還是一起來了。

於她而言，諮詢就像是最後一根稻草，關係到她今後的幸福。

我問得很仔細，她的個人基本資訊、主訴和現病史、既往史、身體健康狀態、個人成長史、有無遭遇重大變故與意外、家族遺傳病史等。

交談之後，我發現她的確有些憂鬱、焦慮，但是她很正常。

她如釋重負：「王老師，麻煩妳親自告訴我老公，告訴他我很正常，我不是一個瘋子。」

看著她熱切的眼神，我有些心疼：「妳老公怎麼說妳是他的問題，也許他就是想用這種方式來激怒妳。妳對自己應該有起碼的判斷和把握，為何對他的話如此當真，一直要去證明呢？」

她說：「其實我也知道自己沒有問題，但他老這麼說，我對自己都沒有信心了……。嗯，我想再問一遍，我真的沒有瘋吧？」

再次得到我的親口確認後，她露出了笑容，跑出去叫她老公進來。

＊＊＊

她老公，那個高大帥氣的男人，一見我就笑嘻嘻。

他坐下來，搓搓手說：「我看她挺高興的，妳是不是也覺得她沒病啊？」

我說：「我很好奇，是什麼原因讓你總覺得她有病，她會瘋掉？」

他馬上如數家珍的娓娓道來，說的都是很多瑣碎細小的事情，都是對妻子的指責。她的性格如何任性固執，為人處世如何不可理喻，都是有丈夫有孩子的女人了，竟還熱衷於各種社交活動，還有很多浪漫卻不實用的興趣和愛好……。他最痛恨的是，她以工作忙碌為藉口，不管家也不管孩子。

我說：「你對妻子有很多不滿，可以和她多溝通，動不動就說她心理不正常，甚至會瘋掉，是很傷人的。」

他說：「我知道，但我就是這麼認為的。」

我說：「你能說得詳細一些嗎？」

他說：「我跟她什麼都不合。每次吵架，我都跟她說很多，希望她能聽我的，希望她能改，她都不聽，還跟我較勁，妳說這算正常嗎？」

我說：「不聽你的就不正常，這個判斷標準未免太單一。如果某件事情她說得有道理，你會聽她的嗎？」

他轉轉脖子：「她能有什麼道理？我認為她一直都是無理取鬧。我的原則是，只要我認為自己是對的，就不可能聽她的。」

我說：「我想冒昧問一下，你對其他的人也是這樣嗎？如果你認為自己是對的，別人的話就聽不進去？」

他一愣：「差不多吧。」

原來他的邏輯是：如果你不聽我的，就是你不正常。

跟他的交談，令我有深深的無力感。

我在諮詢中幾乎不給人貼標籤，但此時我突然發現，如果非要論正常與否，那麼不正常的人可能並不是她，而是眼前這個人。

這個以自我為中心、為評判標準的男人，性格偏執、極端，缺乏自我覺察力與反省能力。這樣的人，在現實中可能**既看不到自己，也看不到別人**。

直覺告訴我，跟他說什麼都沒有用，但我還是要告訴他：「你的妻子很正常。夫妻相處盡量就事論事，少一些主觀評判和人身攻擊。」

他不置可否的笑笑，那笑有些輕佻。

諮詢結束後，他離開了。

我剛坐下來，門又被他推開了。

他把腦袋探進門裡，嬉笑著對我說：「不管妳是怎麼鑑定的，反正在我心裡，她就是一個瘋婆子。」

呀呀呀，這個男人，可真夠氣人的。

＊＊＊

這個諮詢讓我感觸頗深。

這個各方面條件遠遠不如妻子的男人，心理自卑又自戀，他卻用各種指責和暗示去操控妻子，去占據婚姻中的話語權，以維繫這段不對等的婚姻關係。

而妻子，那個容易被暗示的、不自信的女人，無疑成功的配合了他。正所謂，一方出招，另一方接招。

問題的關鍵不是急著去探討他為何要這麼對她，而是當他這麼對她的時候，她為何**仍然選擇在這個關係裡去隱忍，去受傷，去徒勞無益的證明自己**。一個人需要不停的證明自己，恰恰說明他對別人的話是認可的。

也許有人會說，這女的可怎麼辦，趕緊幫幫她呀。

誰也幫不了她。

除非哪天她忍不下去了，能夠回擊、反抗，**不再輕易接受對方的投射與暗示**。

這樣的關係模式，在現實生活中其實很常見。

很多戀愛、婚姻、親子關係中，一方對另一方以愛的名義進行各種控制，不尊重對方以外，更以言語攻擊、羞辱、打壓、貶低等方式去壓制對方，以此來獲取關係中的掌控權。

控制的一方往往比較偏執、自戀、極端，被控制的一方往往敏感、善良、容易自責、內疚。

被控制的一方遇到指責的時候，不是思考對方有什麼問題或目的，而是習慣的先從自身尋找原因，質疑自己，並陷入很深的焦慮之中，認為都是自己不夠好，才招來了對方的攻擊與貶損。

在心理學上，這種現象叫「煤氣燈效應」。

煤氣燈效應的說法來自一九四四年的美國懸疑電影《煤氣燈下》（*Gaslight*），它講述的是少女寶拉因為姑媽的意外身亡繼承了一大筆遺產。一個叫高利．安東的青年為了謀取寶拉的財產，用各種手段把她騙到手，並且用盡各種辦法企圖把她逼瘋，好將她送進精神病院，從而獲得她的巨額財產。

他對所有的僕人說，寶拉生病了，而且暗示是她的精神出了問題。

他故意交給寶拉一些東西，讓她收好，之後他把這些東西偷走，悄悄藏起來，然後質問寶拉這些東西都到哪裡去了。

他還故意將家中的煤氣燈調得忽明忽暗，讓寶拉以為自己出現了幻覺。

煤氣燈效應又叫洗腦燈，它是一種認知否定，透過扭曲受害者眼中的真實而進行的心理操控與洗腦。操控者長期將虛假、片面或欺騙性的話語灌輸給受害者，以此方式令受害者懷疑自己，質疑自己的認知、記憶和精神狀態，最終達到控制受害者思想和行為的目的。

＊＊＊

在親密關係中，怎樣才能避免被人操縱？

首先，我們必須充分了解自己是什麼樣的人，對自己有一個明確的認知。我們只有相信自己，才能客觀的去看待和分析他人的語言和行為；其次，我們一定要有自己的社交圈，不要太過依賴某一個人。

如果與外界的連結太少，長期依賴身邊某一個人，我們的生活圈子會越來越窄，依賴的那個人就越發顯得重要，重要到可以控制我們的生活。

治癒你

親密關係中，控制與被控制無處不在。

這裡面有關係雙方彼此的需要與配合，也有互相搶奪話語權的鬥爭。無論處在關係中的哪一方，都應有一定的覺察力，有比較清晰的自我認知，並拓寬自己的社交圈，確保不會在某一段關係裡過於依賴，甚至迷失自我。

所有關係都是越控制，越失序

一個男孩，怎樣才能成為一個男人？
必須踩著父親的「屍體」才能長大。

＊＊＊

前不久和好友長時間通電話，談到她即將出國留學的兒子時，她說：「妳根本想不到，那小子現在變化可大了。」

我很高興，聽她一樁樁娓娓道來，孩子的變化著實讓我驚訝、讚歎。

好友突然說：「妳知道嗎？這個變化跟妳有關。」

我很吃驚：「我什麼都沒做呀。」

好友說：「我兒子說了，妳對他的影響滿大的。」

＊＊＊

此事說來話長。

幾年前，我們兩家有一次在一起吃飯，吃飯的過程中，好友老公不知為何把矛頭對準了兒子，說他這也不好，那也不好。眼看著那孩子的臉色一陣紅、一陣白，情緒由之前的愉悅變得越來越沮喪，我心裡很難受，也有點生氣，因為這個我幾乎從小看著長大的孩子，並非他爸爸說的那麼不好（後來我理解也許是爸爸習慣用這種方式激勵兒子要更好，但場合與方式明顯不對）。當時，我只能打圓場轉移話題，其他的做不了什麼，即便我是心理諮詢師。

寫到此處必須說明一下，許多人對心理諮詢師有一個誤解，覺得你會不會分析我呀，會不會看穿我呀。其實，大家真的多慮了（如果對方真這麼做，那可能是職業病）。心理諮詢師只是一個職業，一個在特定環境裡必須做到隱私和保密的工作而已。

在諮詢室外，諮詢師也是個有七情六慾和很多缺點的普通人，不可以把自己的工作角色帶到生活中，帶入其他關係裡。哪怕是家人和朋友，對於任何人都不能輕易的去評判和干預，更不能去分析和攻擊。除非親朋好友主動問你一些與心理有關的問題，你可以據實回答，但那絕不是心理諮詢，只是親朋好友之間的交流而已。

有個同行對於自己的角色定位是比較混亂的，與人相處動不動端出諮詢師的架子彰顯優越感，動不動對別人分析來分析去，結果很容易翻臉。

記得有一次和一群同行聊天，其中幾個人過度情感投射的爭來懟去面紅耳赤，我實在忍不住了，說道：「我們可以正常說話嗎？」

後來，我和好友又有一次聚會，那次她老公沒來，她兒子來了。男孩又長大一些了，由於有在鍛鍊身體的緣故，整個人很有精神，肌肉也練出來了，我忍不住誇他：「你是大男孩了，也即將成為一個男人了。一個男人的標誌就是活出你自己內在的力量，如果在這個過程中遇到任何阻力，你都可以說不。」

我的好友很厲害，馬上反應到很多話題，將自己和老公的教育方式坦誠的告訴他兒子，我也半開玩笑的不時穿插一下……。那天我們的話題暢通無阻，就家庭、夫妻、父母和孩子的關係各抒己見，大人孩子都很高興。

那之後不久的一天，好友老公又在家中客廳對兒子頤指氣使的時候，令人意想不到的驚人的一幕發生了。

此前遇到類似情況總以沉默或生悶氣應對的兒子，這一次走到父親跟前，一把擁住父親的肩膀，幾乎像推著父親往另一個臥室走，一邊走一邊對試圖抗拒的父親說：「別當著我媽的面，有些事情我們兩個男人談。」

留下客廳裡的媽媽目瞪口呆，擔心不已。

父子倆最後出來的時候，表情都很平和，彷彿什麼事情也沒有發生過。好友再按捺不住想八卦的心，也無法得知父子倆在臥室裡到底談了些什麼。只是有一次她套老公的話時，老公說漏嘴提了一句：「哼，竟然敢把我抵到牆角。」

從此以後，好友老公對兒子的態度有一百八十度的大轉變，用好友的話說：「對兒子有了耐心和尊重，還有一些忌憚。」（說到此處她壞笑不已）

＊＊＊

在北京某醫院神經內科做諮詢時，我曾接待過一起疑難病例。一位從外地來北京治療的十七歲少年，無任何器質性病變[7]卻全身震顫蜷曲一年之久，他爸爸帶著他到全國各地治療，都沒有辦法改善他的症狀，沒有病變因素，醫生也的確無法給他治療，於是建議試一試心理治療。

當我第一次見到這對父子，兒子正坐在輪椅上無法抑制的全身顫抖、手舞足蹈，人到中年的父親正拚命的死死摁住兒子，試圖不讓他動彈，遠遠看去父子倆的姿勢就像在打架。

我走到跟前對父親說：「你放開他！」

滿頭大汗的父親說：「不行，我要是放開了，他會動得更厲害。」

我堅持要他放開，在我的目光示意下，他猶疑著鬆開了手。

然後我對少年說：「從現在開始，你可以動，想怎麼動就怎麼動，隨便動！」

隨後的諮詢驗證了我的判斷，呼吸放鬆轉移焦點時，孩子明顯沒有震顫。

一段時間的諮詢之後，少年的症狀大為減輕，離開了輪椅。

離開北京前，少年父親專門來跟我道別，再三表示感謝，並提出希望我給他寫幾句話，我想了想，在診療本上寫下六個字：**越控制，越失序**。

他欣喜又有些害羞的笑了。

這個父親的悟性非常好，事實上沒有他的配合與調整，孩子的症狀不會這麼快就好轉。

---

7 指多種原因引起的某一器官或組織發生疾病，而造成該器官或組織系統永久性的損害。

＊＊＊

青春期的孩子要長大，父母面臨失去掌控的危險，會本能的去壓制孩子。一個要蓬勃生長，一個要拚命打壓，最後往往兩敗俱傷。

不可否認的是，漸漸長大的兒子對父親而言確實會帶來一些複雜難言的情緒。兒子長大了，越來越獨立，越來越有力量，會令父親感覺到自己權威不再，自己的日漸衰老與失控。就像很多母親看著日益發育的美麗女兒，也會情不自禁心生複雜情愫一樣。那像是另一個自己的成長，會令母親驚慌，因為這意味著自己容顏不再、青春不再，所以很多媽媽在無意識中是不希望女兒長大的。

一個男孩子要長大，要成為一個男人，最重要的事情是向父親認同。

很多家庭因為各種原因，無論男孩女孩，大多和媽媽比較親密，媽媽也覺得孩子是自己的依靠。當孩子的目光轉向父親、對父親表現出興趣時，這時候媽媽的反應至關重要：是自己退後一步，支持孩子向父親靠近；還是心生芥蒂與恐懼，把孩子和丈夫生生隔離開來，往自己懷裡再拉上一把？

有的媽媽會激動的宣稱：養育孩子的過程中，我丈夫什麼都沒有付出，全都靠我，我丈夫很無能、很自私、很不負責任，他不配得到孩子的孝順和尊重。

不排除很多父親存在這樣的問題，但很多事情也不是如此絕對。如果站在客觀中立的角度，會發現家庭中一個父親的付出其實並不少。

作為媽媽，應避免過度貶低自己的丈夫，因為這樣做的後果是，爸爸被貶低，兒子作為男性也同樣被貶低了。對男孩子來說，媽媽再強大、再全能，也不可能代替爸爸的角色，而且只有媽媽這個單一角色陪伴長大的孩子，將來可能會走很多辛苦路。

精神分析有這樣一個說法，**一個男孩子必須踩著父親的「屍體」才能長大**。

這個說法的意思是：因為對父親的仰視、崇拜、畏懼，男孩一般從心理上是不敢超越和打敗父親的，或者對自己可能會打敗父親而心存愧疚。只有當父親「死」掉了，不再成為障礙了，男孩才敢長大，才敢超越父輩。

這個「死」，**不是肉體的死亡，是父親的允許、接納和祝福**：我支持你長大，我允許你超過我，祝福你成為你自己。

治癒你

一個男孩要成為一個男人，最重要的是向父親認同。因為各種原因沒有跟父親一起生活，甚至跟父親沒有任何交集的男孩，一般會有意無意的在生活中去尋找能替代父親的那個人，或許是家裡的親屬、老師、主管。找到一個可以認同並模仿的榜樣，對男孩來講是很重要的事。

只要是發自你內心的選擇，逃避就有意義

如果我們的心不能平靜，

其實逃到哪裡都逃不過內心的糾結與掙扎。

＊＊＊

第一次見我的時候，他說：「妳知道我為什麼要預約三個小時嗎？」

我：「我也很好奇。」

他：「這可能是我唯一一次的諮詢，我想把所有想說的話都說出來，妳不會感覺枯燥的，我的故事很狗血、很好玩。」

我：「哦。」

他：「妳可能覺得奇怪，我為什麼會找到妳，其實是我一個朋友推薦的，他以前找妳做過諮詢，說我一定會有收穫。我注重結果和效率，不會隨便找個靠不住的人，更不想浪費我的時間和金錢，關鍵還有隱私。」

隨後，我聽到了一個英俊優質男的成長史。

他的經歷很簡單，自小父母離異，他跟了媽媽，母子相依為命，相安無事。他一度很享受這

樣的生活，直到他上完大學、工作，然後開始談戀愛，這時候情況發生了變化。

他媽媽是個能幹強勢的女人，事業上很有成就，生活上把家打理得井井有條，對他照顧得無微不至，另一個女人的介入於她而言，等於把她辛苦養大的兒子給奪走了，打破了她苦心營建多年的母子關係，她強烈反對兒子和女友交往。

說到這裡他苦笑著說：「妳明白嗎？我媽並不是反對某一個特定的女人，我懷疑無論是哪一個女人，她都會反對的。」

他很喜歡現在的女友，所以開始了反抗。不但不分手，還跟他媽翻舊帳，歷數從小到大他媽媽的種種罪狀，把他媽氣得要死，好幾次都喊心臟病快發作了。

女友很會做人，總勸他對媽媽態度好點，還買很多禮物託他轉交，他媽慢慢被感動了，鬆口同意他們交往，最後還把女友請進家來一起住。

最初他媽和女友是同盟，兩人一致對付他，他還頗感欣慰。不久後情勢發生了變化，一般人在一個屋簷下也難免磕磕絆絆，更何況兩個強勢的女人，拌嘴吵架漸成常態，他成了夾在她們中間的受氣包。他害怕回家，怕聽她們互相指責，怕家裡緊張的氛圍，他形容自己「艱難的活在兩隻母老虎中間」，他無力平衡，也難以取捨。

生活上一堆麻煩事，工作上也不順心，他說自己命苦，總是遇到強勢的女人。他所在的公司收入和福利都很好，但上司（不幸也是個女的）很厲害，動不動訓斥員工，每每高聲大嗓，哪怕訓的不是他，也足以令他心驚膽戰。本身工作壓力也大，公司同事勾心鬥角，層層疊加的壓力令他幾近崩潰。

他還悲憤的發現自己從小到大總是被女人箝制，從沒有過真正的自由和舒暢。尤其是步入職場，要面對複雜人際關係中的各種衝突和矛盾，以他從小被女強人媽媽過度保護的心智和單純的生活經歷，完全無法應對。

無比絕望的他，萌生了逃避這一切、為自己活一回的想法。

＊＊＊

說到這裡他看著我：「所以，我準備出家了。」

我有些驚訝：「出家？」

他對我的反應很滿意：「是的，我不會自殺，也不想學那些動不動去西藏、麗江療傷[8]的人，跑到那裡假裝解脫，回到現實生活中，馬上打回原形。我要澈底的了斷，拋開所有的煩惱，一個人過清淨的日子。」

我：「解決問題的途徑有很多，很多事情可以透過諮詢來調整的。」

他：「不可能，我的問題太麻煩了。妳不要勸我，我不是一時衝動，是經過深思熟慮的。只是我準備走了以後再告訴家人，這兩天準備去公司辦理離職手續。唉，辦不辦其實也不重要，但好歹是個尊重。」

我：「你想去哪裡出家呢？」

他：「去山東一個寺廟，那是我一個朋友介紹的，地方不大，風景很好。朋友家一個遠房親戚在那裡當住持，去了肯定收留我，都打好招呼了，妳就放心吧，我不會做沒把握的事的。」

我心裡一笑，想到他無論出家或做諮詢都要找熟人介紹，一個對安全感要求如此之高的人，怎麼捨得去冒險？

看看諮詢時間快到了，我說：「我能感覺到你已下定決心，我再說什麼可能都沒有用，但是，我還是想提醒你一下，跟公司辭職的事能否換個理由，比如先請一段時間的病假……。」

話音未落，他就急了：「我聽說你們心理諮詢不是不給人提建議的嗎？妳這是想動搖我的想法嗎？」

我：「一般在諮詢裡的確是不提建議的，但也有例外。我想，你在決定出家前來做諮詢，是否也代表你內心對這個選擇還有些糾結呢？」

他愣了一下，眼神裡閃過一絲惶惑，但他很快起身告辭了。

＊＊＊

這一次諮詢雖然印象深刻，但隨著時間流逝，我也漸漸淡忘了。過了一個月，他突然出現在我面前。

他的出現使我有一些驚訝和好奇，因為他曾說過，他再也不會來見我了。

他的第一句話：「我是來謝謝妳的。」

---

8 指因風光明媚，適合都市人旅行療傷。

原來他去山東前，沒有跟任何人告別，也沒有告訴家人實情，只是給媽媽和女友分別發個短訊說自己要外出一段時間，給公司準備的辭職信換成了病假單（醫院有熟人，假單也是朋友幫忙辦的），這個舉動日後證明無比正確。

他風塵僕僕去了山東，輾轉搭車終於來到朋友親戚所在的寺廟，果然是個山清水秀之地，他的身心頓時不再疲憊，取而代之的是激動和興奮，內心有一個聲音對他說：「來對了，這就是你想要的。」

見到慈眉善目的住持，他如同見到親人，見到拈花微笑的佛陀，恨不得馬上就要五體投地虔心皈依。向住持表明堅定出家的決心之後，他提出能否立刻剃度，把三千煩惱絲和世間牽掛統統拋卻。

住持說：「不急，不急。」

他想：哦，這是要考驗我的決心呀。

為表與塵世告別之決心，他把手機也交給寺裡保管，對於一個平時上廁所都要捧著手機去的人，這是何等了不起的壯舉。

終於遠離了一切紅塵嘈雜，遠離了母老虎的壓迫和咆哮，他感到了前所未有的平靜與輕鬆。

寺廟裡的生活，於他是一個全新的挑戰和改造，對過往人生完全是一種顛覆：每天凌晨三點就要打板起床[9]，三點半開始早課，六點下殿，與僧人一起用早餐；上午聽經、念佛，中午十一點午餐，下午念法會；六點晚餐，之後還要自修，去佛堂禪修，晚上九點止靜（休息）。算下來一天打坐、念經要六到七個小時，其他雜務比如打掃寺院衛生、澆花、擦抹佛臺等還不計算在內。

一開始他怕自己太早起不來，所以不敢熟睡，但晚上睡不好，白天打坐就犯睏，一犯睏就往下栽，動不動身體一個勁兒往下滑，讓他難堪、發慌，還有些害臊。兩只膝蓋也不爭氣，蒲團上跪久了又腫又疼，直教人想掉眼淚。

至於吃飯，上天可以明鑑，剛到寺裡頭幾天，他是極愛吃齋飯的，覺得真是清淡可口又養生（想想之前那些大魚大肉真是粗俗和罪過），所以在寺裡的每一餐，他一顆飯粒一口湯水都不會剩下，一則珍惜，二則他容易餓。

不知不覺在寺裡待了快半個月，他以堅強的意志克服了諸多料想不到的困難，感覺還是很有成就感的。只不過，寺院裡的生活日復一日、單調乏味，他察覺自己內心慢慢萌生一些對塵世的牽掛和思念，尤其是媽媽和女朋友，不知時至今日她們是死是活（同時被這念頭嚇了一跳）。細想她們有時候雖然厲害甚至可惡，但還是有很多優點的，尤其對他的好可真沒話說……。這些念頭不停的跳出來騷擾他，他又不停的打消這些念頭，同時安慰自己：沒有我，她們會活得更好，大家都各自為安吧。

9　以打板來表示時間及作息，共分五板。

到寺廟後的第十五天，凌晨兩點，他起床上廁所，也就是茅坑，說起茅坑，又是他需要克服的心理障礙之一，每次蹲茅坑都是一次考驗，都會讓他想念城市的馬桶，每次都會在心底暗罵：既然先發明了茅坑，何必還要發明馬桶呢？沒有比較，就沒有傷害啊。

那天凌晨相當寒冷，蹲在茅坑上的他凍得瑟瑟發抖，腿也發軟發麻，這時候腦子裡突然有兩個聲音跳出來打架。

一個聲音說：「這是什麼鳥日子，這不是找罪受嗎？我要熱被窩、我要睡懶覺、我要吃好吃的、我要坐馬桶、我想上班、我想我女朋友、我想我媽……。」

另一個聲音說：「欸，無能，難怪你媽、你女朋友罵你窩囊廢，果然什麼事都堅持不了，之前說好的要為自己活一回，說好的修身養性呢？」

一個聲音說：「修行？真可笑，不來不知道，原來一個小小寺廟裡也有幫派鬥爭，背地裡也有人嚼舌頭、說小話道是非，跟公司裡的那些三姑六婆也沒啥區別。失望，失望，失望透頂。」

另一個聲音？

沒有另一個聲音了。

接下來他的一系列動作像足了電影裡的快鏡頭：趁著月黑風高夜，快速奔回房間穿上所有能穿上的衣服，捏了捏錢包還在，盡量動作輕柔的關上門，動作輕柔迅捷的溜出寺院，掐算一下時間，還趕得上那趟開往城市的早班車……。

回北京的火車上，他想起自己親手上交給寺裡的手機，有點心痛，隨後巨大的狂喜襲來：工作保住了，工作保住了。

回家後他被震撼了。

原來半個月前他媽和女朋友看到他語焉不詳的告別短信，急得抓狂，兩個人抱頭痛哭，互相檢討、懺悔，都說是自己不好逼走了他。公司主管看他請了病假，想登門慰問一番，結果他手機打不通，電話打到家裡，把他媽嚇個半死，跟他女朋友兩人，一致認為他一定是得了絕症，怕她們傷心所以跑到哪個深山老林裡自行了斷去了……兩個女強人又結為聯盟，發誓只要他回來，一定要互相體諒、忍讓，給他一個溫暖的家。

他一回家，他媽又哭又笑的宣布：回家即分家，小倆口住另一套房去吧，這樣更有利於生活安穩。

這是他完全沒想到的結局。

＊＊＊

他：「妳怎麼看待我的事情，會覺得可笑嗎？」

我：「**只要是發自你內心的選擇，去親身經歷的事情都是有意義的**。」

他：「我想明白了，逃避不是辦法，要修行不一定去寺廟，那只是一個形式。」

我：「佛法在世間，不離世間覺。能在現實中一邊生活一邊修練自己，其實更不容易。」

他點頭，微笑道：「那，我們下週見！」

我：「好的，下週見。」

治癒你

每個人在人生的某些階段都可能萌生過「活著太累了，不如逃避」的想法，但到了另外的環境又難免會有另一種失望。如果我們的心不能平靜，其實逃到哪裡都逃不過內心的糾結與掙扎。心若不安，處處都是煩惱之地；心若安寧，處處都是淨土。

「抱歉，我實在控制不住我自己啊……。」

一位來醫院實習的年輕醫師，

在觀摩了醫生們數次問診之後，

有一回突然捂住胸口對我說：「我覺得我也應該吃點藥了。」

＊＊＊

第一次見到這一家三口，是半年前的某一天上午。

來的是二十五歲的兒子和他那約莫中年的父母。一進諮詢室，兒子和媽媽緊挨著坐在長沙發上，爸爸則獨自坐在另一張沙發上。

當媽的頂著黑眼圈一臉焦慮：「一夜沒睡，我都快煩死了。」

原來前一天晚上一家人一起看電視聊天，聊著聊著，這兒子突然對他媽說：「等一下，剛才妳說了句什麼？我沒聽清楚。」

當媽的愣了：「我說了什麼？哪一句啊？」

兒子：「我要是聽清楚就不會問妳了，哎呀，妳剛才有句話我沒聽見說的是什麼，妳趕快幫我想想。」

當媽的立刻知道，兒子的老毛病犯了。這老毛病的具體表現是，如果漏聽了一句話，要立刻回想，必須馬上搞清楚漏掉的那一句到底說的是什麼。比如看電視新聞，如果漏聽了一句，兒子一定要重聽一遍。電視有重播功能還好辦，如果漏掉的是誰說的話就比較費勁了，大家得拚命的回想。

此前，在家裡已上演這一幕無數次，爸媽早已深受折磨。他們很清楚，如果找到漏掉的那句話，兒子就不鬧了，如果找不到，這小子還要折騰半天呢。

夫妻倆急忙回想剛才都說了些什麼，但兒子說：「都不是、都不是。」

結果，這一晚大家誰也別想睡了，找不到那句話，兒子有些焦躁，開始生氣指責父母，父母也開始指責彼此，三個人亂成了一團。最後，已經忍受兒子症狀很長時間的媽媽終於受不了，大吼一聲：「明天，你明天一定要去看心理醫生。」

諮詢中呈現出來的一些真相也讓這對夫妻吃驚：這個兒子大學畢業後，換了好幾份工作，原來也和這個老毛病有關。公司主管開會講話，或者找他談話，如果他漏聽了哪一句，會不斷的找在場的同事詢問；同事若想不起來，他又實在受不了的時候，會去找主管求證，可主管哪記得自己說過哪些話呀，他又不敢像逼自己父母那樣去逼著主管回想，結果搞得自己很難受、很委屈，最後遷怒於主管和公司，於是報復性的頻頻跳槽。

許久未說話的父親，突然長歎一聲：「以後你走到哪裡，跟誰說話都給錄下來好了，保證不會漏掉任何一句話。」

結果他兒子眼睛一亮：「哎，這倒是個好辦法。」

我問那個兒子：「如果錯過了漏掉的那句話，會發生什麼事情或產生什麼後果嗎？」

他說：「應該不會吧，我也知道不會有什麼後果，但就是停不下來，一碰到這種情況，完全沒有辦法控制自己，而且會越來越著急。」

很多人就是這樣，**把自己陷進一個思維或行為的怪圈裡，反覆琢磨糾結，一頭鑽進牛角尖走不出來**。

這是典型的**強迫症**的表現，一個人腦子裡先有了大量的不可自拔的念頭或想法，並因此而無比焦慮，為了緩解這份焦慮，所發展出來的一些強迫行為。所以強迫症被歸類為「焦慮障礙」是有道理的，治療強迫症，治療的其實是一個人的焦慮和不安。

美國精神分析協會對強迫症有很明確的診斷標準：

一、你有揮之不去、讓你很焦慮的念頭。

二、你有大量的、重複的、無意義的、跟解決實際問題無關的行為。

三、你知道這些念頭是自己的，而非別人強加於你。

四、你一點兒也不享受這個過程，你很痛苦。

五、你每天花費在這些無意義行為上的時間超過一個小時且持續超過兩週。

一般來講，只要當事人下決心、有動力來調整和改變，心理治療的效果都是不錯的，就像這個兒子，做了一段時間的諮詢之後，他的症狀大為好轉，諮詢於他是一個很好的支撐和幫助。我一邊諮詢，一邊鼓勵他去投入工作和生活，後來他找到一份工作，做得很好，狀態也很穩定，至今都沒有再換工作。

他的父母因此大大的鬆了一口氣。

其實，他的強迫症與父母，尤其是母親的焦慮有關。他母親是個過於追求完美的人，對自己、對配偶、對孩子的要求都很嚴厲苛刻，從小就讓他感受到很多壓力與壓抑，做什麼都怕做不好，做什麼都很急躁，對很多事情無法確定，以致於要不斷的反覆進行確認。

當然，這個諮詢要解決的問題其實還有很多，比如母子共生、父子隔離、父母的焦慮和情感冷漠、一家人彼此的控制……在此就不一一贅述了。

＊＊＊

一位定期從外地來北京找我諮詢的女子，三年前第一次來見我的時候，是被北京安定醫院診斷為強迫症的患者，醫生建議她必須服藥兼心理治療，她也認為自己的症狀很嚴重，已經影響了家庭和工作，影響了夫妻關係和親子關係。

現實中的她很善良、很謹慎，總怕給人添麻煩。有一次她在諮詢中突然哭起來，原因是「怕我的強迫症狀會影響到別人」。還有一次，她來的時候北京下大雨，她寧願遲到，在室外徘徊也不願意踏進諮詢室，我問她為什麼，她說：「怕把房間弄濕、弄髒了，怕別人看了會不舒服。」

其實那個不舒服、擔心是她自己的，別人並沒有這樣的感覺。她就是這樣**不停的責怪自己**，**不停的為很多人操心**，**不肯放過自己**，不肯放手所有可以抓住的東西，這恰恰是她**焦慮和強迫的根源**。當然這個諮詢到最後取得重大突破，她的症狀逐步好轉，是因為發現了早年與性羞恥相關的記憶。

在年幼時，她曾被一位鄰居叔叔性侵犯，並被威脅不許告訴任何人，否則就要殺她全家。她在恐懼中生活了很多年，越長大越覺得自己的身體很髒，會不停的洗手、洗澡，最後發展到洗各種她認為不乾淨的東西。

很多症狀背後，都有著難以言喻、傷心委屈的故事，也許當事人自己都**忘了或未曾覺察**，但恰恰是那些以為**已被遺忘的記憶成為誘發症狀的源頭**。

對諮詢師而言，做強迫症的諮詢，真的很考驗功力和耐性。那些每天都要和很多患者打交道的神經內科醫生們，更得有耐心。

以下這一幕我已目睹過無數次：

患者：「醫生，黛力新[10]有副作用嗎？」

醫生：「只要是藥，都有一定的副作用。」

患者：「那這藥我先不吃了可以嗎？我感覺自己的病沒那麼嚴重啊。」

醫生：「不想吃你就不吃啊。」

患者：「可我不敢停藥啊，萬一病情加重了怎麼辦？」

醫生：「那你就繼續吃啊。」

10 通稱為氟哌噻噸美利曲辛片，商品名稱亦可稱為樂盼、聖美弗。

患者：「但我覺得我沒那麼嚴重啊。」

如此循環重複幾次之後，醫生音量不由就拔高了：「想吃你就吃，不想吃你就不吃。快說，這藥到底是開，還是不開呀？」

患者：「那你說，我到底是開，還是不開呀？」

旁觀者無不替醫生捏了一把汗，生怕他暴跳如雷或氣昏過去。

一位來醫院實習的年輕醫生，在觀摩了醫生們數次問診之後，有一回突然捂住胸口對我說：「我覺得我也應該吃點藥了。」

我相信他是認真的，很認真的覺得難受。

＊＊＊

我們每個人在生活中，或多或少都有一些強迫行為，比如反覆檢查門鎖、抽屜有沒有關好；比如反覆計數、洗滌；比如走路先跨哪條腿，是一定要踩著格子線走，還是決不能踩到格子線；比如做某些事情前，一定要有某些特定的程序和儀式。但我們必須了解的是，**這些強迫行為不是強迫症**。甚至很多時候，在很多職業中，有這些強迫行為的人往往是最認真、最可靠的，他們做事情往往嚴謹、踏實、周到，值得託付和信任。

一位ＩＴ男來做諮詢，他的困惑是，自己每次電腦開關機都要進行一套特有的儀式，比如開機前必須把電腦放到一本厚厚的書上面，他懷疑自己的表現是否正常。

我：「如果不做這套儀式，你會怎樣？」
他：「會糾結，總感覺少了點什麼。」
我：「做這套儀式的時候感覺痛苦嗎？」
他：「不痛苦啊，其實我很習慣這個過程。」
我：「沒問題呀，不痛苦就好。」
一個總想反覆洗手的女生問我：「我每天到底該洗多少次呢？」
我問她：「妳一天洗多少次呢？」
她想想：「好像至少二十次吧。」
拗不過她反覆追問我到底該洗多少次，我說：「那就洗三十次吧。」
她難以置信的看著我：「三十次？」
下次再來時，她絕口不提洗手的事，最後諮詢快結束的時候，她終於忍不住了：「老師妳知道嗎？我現在每天洗手不超過十次。」嗯，這就對了，花錢來做諮詢，就是為了不聽話的。

治癒你

很多人的強迫行為**都與父母的焦慮有關**。如果父母過於追求完美，對自己或孩子要求很高，對孩子過度控制，或者父母本身就有一些強迫症狀的，孩子往往會受影響。為人父母，管理好自己的情緒，心態平和穩定，是給予孩子最好的成長禮物和教育方式。

拚命討好來的幸福，怎麼讓你笑得好苦

我們的身體不會說謊，
它會一直記得過往。

＊＊＊

她來諮詢的時候正值盛夏，天氣最酷熱之時。

那時她剛被醫院診斷為憂鬱症，醫生建議她吃藥加心理治療。

她是個極講究打扮的年輕女子，從頭到腳全是名牌，一眼望去身上披掛了很多衣服，又是裙子又是襯衫又是外套的層疊搭配著，脖子上還懸著一條細細的絲巾。這身打扮在夏天著實有些誇張，但她太過蒼白瘦削，所以大熱天這樣包裹著，也並未讓人感覺到特別不妥。

進了諮詢室，她流露出為難的表情，用細小到幾乎聽不見的聲音說：「老師，可以把冷氣關了嗎？」

我說：「妳冷嗎？」

她點點頭：「我身體不好，一吹冷氣就容易感冒。」

我關掉冷氣，不一會兒，我開始發熱，而她一點熱的感覺都沒有。

第一次諮詢後，我暗想，不會每次都這樣吧。

＊＊＊

她每週來一次，每次都這樣。

和她諮詢幾次之後，我也不太怕熱了，有一次竟還有些發冷的感覺。我意識到，這是她傳遞給我的冷。

這個冷，它是怎麼來的？

隨著諮詢的深入，我終於理解她為何如此怕冷。

她的原生家庭很特殊，爺爺是高官，父親也是官員，具體是哪個級別她諱莫如深。從有記憶起，她就知道自己和別的小朋友不太一樣。這個不一樣主要指家教，父母不但不嬌慣她，對她的要求反而比一般小朋友更加嚴苛，他們經常對她說：「妳一定要聽話，凡事都要讓著別人，不要以為我們這樣的家庭就高人一等。」

她印象最深的一次，她在幼兒園和別的小朋友發生衝突，對方動手打了她，她大哭著跟家人告狀，結果父母把她教訓了一番：「是不是妳做錯了什麼，人家才會動手打妳？妳要好好和其他小朋友相處啊，不要以為自己有什麼特殊的。」

小小的她再次大哭，這次的哭是困惑與傷心，明明是自己受了委屈，得不到一句安慰不說，竟然還要被父母訓斥。

事情到這還沒結束。第二天，媽媽在爸爸的授意下，特意帶她去幼兒園，找到那個打她的小朋友，硬是讓她主動去跟對方和好，而且當著她的面對幼兒園老師說：「請老師嚴格管教、教育我的孩子，別讓她太嬌氣。」

這件事在她心裡烙下了深深的印記：**我並不特別，我必須聽話，我不能嬌氣，若有人欺負我，一定是我自己不夠好**。

從小到大，無論在幼兒園，還是在小學、中學甚至大學，每去一所新的學校，父母都要對她嚴厲的訓話，要求她必須表現低調謙和，不許透露自己的家境，不許有任何張揚。

這導致她後來無論走到哪，都是最靜寂無聲的那個人，甚至連穿著打扮也受限制，家裡明明有很多名牌包和漂亮衣服，怕太引人注目，她不敢帶到學校去，只在休息日或年節假日穿搭一下過過癮。

她說自己性格懦弱，害怕與人爭執，甚至連大聲說話也不敢。

這種情況在她出國留學後有所好轉，至少敢花錢，敢穿喜歡的衣服了，但性格裡的懦弱、不夠自信卻難以扭轉。這使得她在人際關係中很容易自責、低頭，甚至拚命討好身邊每一個人。

其他關係還好，很多人知道她的背景，對她都客客氣氣，一般不會拿她怎麼樣。但一旦開始談戀愛，事情就麻煩了。

她數次戀愛幾乎都是相同模式的惡性循環：對方起初會被她的外表吸引，會熱烈的追求她，等到確定戀愛關係後，她會心生恐懼，害怕對方不是真的喜歡自己，會開始進行各種試探，試來探去最後往往會激怒對方。

等對方發怒的時候，她又會恐慌，怕對方不要她，這時她又會百般安撫、討好對方，甚至為對方花很多錢。

一旦對方發現她其實個性懦弱、沒主見，就會對她呼來喝去，但越是呼來喝去，她越是表現出依戀與低自尊，對方於是更加得寸進尺，不把她放在眼裡，動輒打罵羞辱，甚至主動跟她提出分手。

有一次她被男友打得鼻青臉腫，雖化了濃妝掩飾，仍被她媽發現了端倪，然而她媽沒有一句安慰，反倒氣得罵她：「我們家的臉都被妳給丟盡了。這事可千萬不能讓妳爸爸知道呀，他要是知道妳找的都是渣男，會被妳活活氣死，也會罵我教子無方的。」

她冷笑著對我說：「妳知道嗎？其實我媽完全多慮了。就算我和我爸在同一桌吃飯，或者面對面走過，他也不會看我的。」

從小到大的印象中，她住的那個家就像早期黑白片一樣靜默無聲。

家裡就她一個孩子，媽媽總叮囑她在家要輕聲細語，別發出聲響影響爸爸。她爸爸回家後除了吃飯，永遠都把自己關在書房裡，據媽媽說他在工作和思考。她眼裡的爸爸不苟言笑，總是一副令人敬畏的樣子，她覺得和他的距離很遙遠，遙遠到即使共處一室，兩人也無話可說。

她家房子很大，連保姆都有獨立的房間。她的房間也很大，而且樓層高度很高，沒有人跟她說話或交流，這使得她獨處時越發感覺到孤零零的無助。

她常常覺得那個家冷若冰霜，常常覺得自己沒有存在感。有時她想對著四壁大聲吶喊，卻又不敢發出聲音。

在外面無論受了什麼委屈，她都不敢告訴家人。她習慣了躲在自己的房間裡，把自己蒙在被子裡崩潰大哭，然後再佯裝鎮定的面對家人。家裡人從來不知道她會有這樣的一面，他們都認為她過得很好。

長大以後，只要她流露出低落或消極的情緒，身邊人包括家裡人都會說：「妳有這麼好的條件，為什麼還總是一臉不高興的樣子？」

沒有人知道，在她身上發生了什麼。

她成長得很辛苦，很多時候要靠自己苦苦支撐才能活下去。

包括諮詢，她也是瞞著家人來的，她說如果被家裡人知道她在做諮詢，肯定無法理解，甚至會反對和阻撓。

＊＊＊

一次諮詢中，她說出了很重要的話：「我知道我為什麼怕冷了。因為**我的家很冷，我的心很冷，所以我的身體也很冷。**」

神奇的是，當她表達出內在的那個冷，她穿戴得沒那麼多了，甚至有一次她來的時候，我忘了關冷氣，她竟沒有察覺。

有一次，她又和男友發生了激烈的爭執，對方又動手打了她。

跟我訴說時她氣恨交加，身體一直在發抖。

我說：「妳為什麼要允許他打妳？」

她說：「我怕失去他呀。」

我說：「妳之前的戀愛也是怕失去，所以才忍讓，但最後不還是失去了？」

她一愣：「妳的意思是？」

我說：「我的意思是，如果有人打妳，妳也可以打他。」

想想我又說：「在確保安全的前提下。」

她愣了愣：「有個問題我一直想不通，為什麼我總是碰到這樣的男人？就是我媽說的渣男，我對他再好，他都是對我又打又罵，為什麼我還總是放不下？有時候我覺得自己好賤。」

我稍作沉吟：「也許，打罵妳的人再不好，也比無人問津、無人關心妳的冷漠好？對方打罵妳，或許能讓妳感覺到，自己和另外一個人還有關係，還有親密連結，哪怕這個連結，是以傷害妳的方式來實現的？」

她渾身顫抖著，眼淚如河水決堤般滾滾而下。

那天她哭了很久，我沉默著，任她哭了個夠。

不久後的一次諮詢，她告訴我，她和男友分手了，是她主動提出來的。

按她的說法，她很愛男友，一直對他百般容忍，且已經忍讓了很久。每次他動手打她，她都會選擇原諒，同時警告他不許再有下一次。

沒想到最近一次吵架，男友又動手打了她，換作過去她會哭著先跑掉，但這一次她決定不再忍，她發瘋般撲上去，狠狠回擊了猝不及防的男友兩個響亮的耳光，同時宣布分手，當場把男友趕出了他們同居的公寓。

之前驕傲霸道、不可一世的那個男人，很快就從被打、被驅趕的暈頭轉向和憤怒中醒過來，他突然發現，敢跳起來搧自己耳光的這個女生好有魅力、好珍貴（怎麼從前沒發現呢）。

後來他想盡各種辦法求她回心轉意。

要不要跟他和好呢？

她說：「我給他定了留校察看期，看他具體表現再說吧。」

＊＊＊

幾年前的一次培訓，來自德國的一位心理學家談到青少年成長中的困境。其中，他提到的一個觀點讓我感觸很深：有時當孩子表現比較激烈的時候，父母比他還要失控，這時候**這個家裡已經沒有家長，所有的人都成了孩子。父母情緒穩定與否，能否承受壓力，決定了孩子如何度過青春期**。

當時其實是夏天，我卻感覺到身體裡有一股寒氣止不住的往外冒，那股寒氣從頭到腳侵襲著我，我的身體逐漸感覺到冷，從裡到外的冷，而且越來越冷。

那種冷讓我在下課的時候，第一個衝出會場，快步走到醫院的小花園裡，站在陽光最熾熱處，仰頭向光盡情的感受陽光的熱烈與溫暖。

那天我在大太陽底下站了很久很久，直到從心到身都不再冷為止。

當時看到這一幕的人可能都覺得奇怪，人人都躲在陰涼處和冷氣房裡，就這個人專挑最熱的地方晒太陽。

沒有人知道那天的經歷對我意味著什麼。我聯想到自己的成長經歷，很多人說我早熟懂事，不像同齡的孩子，其實是因為在原生家庭中，我的父母還沒有長大，不但無法給我支持與引導，也無法給我穩定安全的成長環境。相反的，我還要承受來自父親的打壓貶損，還要去保護母親的懦弱無力。在那個冷漠專制的家庭裡，年少的我不得不學會保護自己，不得不讓自己快速長大，成為自己的家長。

那個冷與絕望其實早已留在我身體的記憶裡。

當身心的冷被充分激發出來之後，從此我不再怕冷，冬天都很少穿秋褲。

那一次的親身經歷，讓我很深的體驗到身心相連的感覺。

我知道那個冷不是空穴來風，不是一朝一夕的形成，它一定隱藏、積累了很久，和過往的人生經歷密不可分。

此後，每當有人跟我說起身體的各種感覺，我能嘗試去了解和理解那背後想表達的東西。

有時候，我們會**假裝自己很強大，會壓抑自己內在真實的感受，但我們的身體，是如此忠實於我們的心靈，成長中那些痛苦、抑鬱、沮喪、憤怒等情緒，都深深的沉澱在身體的記憶裡**。

我們的身體不會說謊，它會一直記得過往。

任何我們想要隱匿的情緒，都會透過身心疾病或各種症狀如實呈現。這個呈現是在提醒我們，要誠實面對內心真正的需求，要看到並關照內在的自己，那個曾經受傷的自己。

治癒你

一個人如果從小不被養育者重視，很多情感需求沒有被滿足，長大後他對身邊的人和關係往往是失望的，這個失望積累到一定程度，會透過身體的反應表達出來。

身體感受到的那個冷，其實是來自心裡的冷，不被愛和不被溫暖的冷。

「對不起，我的媽媽還沒有長大。」

她不說，我也不說，時間一分一秒過去……

突然她站了起來，

根本沒看鐘錶的她，不知怎麼知道時間到了，

輕聲說：「再見。」

助理說，她約了下週的時間。

＊＊＊

她來的時候雖已立春，但天氣寒冷，大家都穿毛衣，她卻著短袖，嗓門大到驚人，語速快得像吵架，再配以各種生動的肢體語言，整個溝通過程中我一句話也插不進去。

等她吵吵嚷嚷終於說完，我像串珍珠一樣把她雜亂無緒的表達匯總了一下：目前她極度焦慮，焦慮的原因是十四歲的女兒已一年多不說話，也不上學，天天枯坐家中。家裡只有她和女兒，女兒兩歲時她和丈夫離婚，離婚的原因是她和丈夫認為彼此都是渾蛋。

她很能幹，開了家公司（只有三個員工但挺賺錢）。經常來往的人只有她的父母，但她和父母關係糟糕，從小他們對她非打即罵，也打罵她女兒。她常帶女兒回娘家，幾乎都是乘興而去，負氣而歸，女兒經常目睹她和外公、外婆激烈爭吵。她把女兒拒絕說話歸咎於自己父母太粗暴，

傷害了女兒。

女兒不說話，不上學，急得她帶女兒四處看病，有醫師懷疑她女兒是自閉症，也有人懷疑是否精神出了問題。女兒曾做過心理治療，但收效甚微，導致她不停的換人（她幾乎和所有人吵架，包括女兒的醫生、諮詢師、學校老師），到最後，女兒堅決拒絕看病和諮詢。

說到這裡，她兩手一攤，氣呼呼看著我，彷彿一切都是我的錯：「我實在沒辦法了，現在怎麼辦？唉，你們這裡也太遠了，我開車來要一個多小時，真要命了。」

我：「女兒不願意諮詢，不要勉強。建議妳先做諮詢，妳太焦慮了，先調整一下，媽媽情緒穩定，能間接幫到女兒。從妳家來這裡確實很遠，妳可以在家附近找一間機構做諮詢。」

她瞪我一眼：「妳是不想讓我做諮詢嗎？我辛辛苦苦跑這麼遠，就是衝妳來的，是朋友介紹我來的。」

她的諮詢過程，真的特別艱難。

這個脾氣暴躁、戾氣深重的女人，每次諮詢都又叫又喊又痛哭，動靜之大，常把在外面等待的其他來訪者嚇一跳。隨著對她的了解越來越多，我從最初的不適到慢慢去理解她、疼惜她。這個苦命的女子，太需要一個安全的地方，能夠讓她把幾十年的痛苦怨恨全部發洩出來。

諮詢到第二個療程的時候，她的情緒穩定多了，女性的溫柔嫵媚也出來了。

然後有一天，她說：「我女兒想見妳。」

我很好奇：「是什麼讓她產生了這樣的想法？」

她：「女兒覺得我不一樣了，她想看看是誰讓我有變化的。」

我有些躊躇：「如果妳女兒進入諮詢，對我們目前的諮詢可能會有影響，一般建議家人分開諮詢。」

她急急揮手：「沒關係，當初不就是為了讓她來嘛。」

＊＊＊

她女兒來的時候已是五月，看到她的第一眼，我想起了套中人[11]。這個十四歲身材纖細瘦弱的女孩，全身上下包裹得嚴嚴實實，天氣已經有點熱了，她還穿著厚重的長外套，頭上戴著帽子，帽簷拉得很低，低到看不清她的臉。

她低頭坐在我對面的沙發上，靜靜的看著地板，神情木然，決不說一個字。

她不說，我也不說，時間一分一秒過去……突然她站了起來，根本沒看鐘錶的她，不知怎麼知道時間到了，輕聲說：「再見。」

助理說她約了下週的時間。

第二次諮詢，她還是那身打扮，還是神情木然不說話，我也不說話……時間快到的時候，她又準確無誤的站起來，輕聲說：「再見。」

11 源於俄國作家契訶夫的《套中人》，書中主角總是穿著一身大衣將自己包裹起來，因而被稱為「套中人」。

助理說她又約了下週的時間。

第三次諮詢，我們還是誰都不說話。

在這三次諮詢中，我習慣了在沉默中去感受她，我覺得我們彼此雖然沒說話，但有很多東西在空氣中飄浮流動。我甚至喜歡上了這樣的狀態，在這裡面，我也能摒棄浮躁，安下心來，去享受這份靜謐。

第三次諮詢快結束的時候，她突然開口：「妳為什麼不說話？」

我輕聲說：「我在等妳。」

她說：「妳剛才睡著了。」

我有些不好意思的想了想：「呃……。」

她說：「我聽到妳打呼嚕了，聲音很輕很輕。我的耳朵特別靈。」

我不由笑了：「妳聽力可真好，我本來還想掩飾的。」

她抿嘴笑了。

這一笑如花綻放，可把我激動壞了。

＊＊＊

每週一次的諮詢，她雷打不動的來。

她媽媽很開心：「太好了，謝天謝地，她終於說話了。」

媽媽堅持要女兒跟我諮詢，我建議媽媽找別的老師諮詢，她不同意，說自己暫不需要諮詢了。後來我們協商隔段時間諮詢一次，以配合孩子的諮詢。

一旦開口，這個女孩其實非常擅於表達，她的聲音又輕又柔，我回應她的聲音也很輕很柔，生怕驚擾到她。我們兩個人，共同建造了一個輕聲細語的世界（後來她告訴我，她最喜歡無論她說什麼，哪怕語無倫次，我的回應都讓她感到自己被理解了）。

有一回她說，她覺得自己身邊所有人都太凶、太焦躁了，尤其是媽媽，她承認媽媽生活上待她不薄，但脾氣暴躁怪戾到令她恐懼、憎惡。媽媽對她控制很嚴，凡事都指揮她，催命似的又叫又吼，動不動還打她，用腳踢她或抽她耳光。

令人痛心的是她的習以為常：「打就打吧，我都麻木了。」

她用不說話、凡事都慢騰騰來表達反抗。後來她發現自己的不說話會令身邊人有所忌憚，尤其會讓媽媽無所適從，就更不願意說話了。她以**沉默的方式，為自己構建了一個相對安全、不被侵擾的空間**。

不說話的日子裡，外人眼裡的她怪僻冷漠，唯有她自己知道，獨處時的自己充實自在，看書寫字、看動漫，在QQ或微博上隱瞞真實年齡和身分與許多人交流，很多人以為她是成年人，都驚歎於她的聰慧成熟。

長久的獨處、緘默中，她的聽力和感受力比任何時候都靈敏。

在我的鼓勵和媽媽的默許下，她嘗試去靠近爸爸，以前因為媽媽反對，她多年不和爸爸、爺爺奶奶來往，連結他們的只有每個月的生活費。

這一靠近，她很喜歡爸爸那一家人，他們視她如珍寶，每次見面都很親，很關心她的一切，這令她倍感溫暖。

這份情感支撐於她太重要了。

她在一點一滴的變化，她媽媽的情緒卻不太穩定。

好幾次我們坐在房間裡，聽到她媽媽在外面像吵架一樣跟人大聲說話，每次她都有些難堪。

和媽媽的諮詢中，能感受到她對女兒變化的不安與糾結，尤其女兒開朗多了，個子也長高了（比她還高），媽媽既高興又焦慮。對此我有些隱隱的擔心，此後發生的事情印證了這份擔心。

＊＊＊

八月底的一天，母女倆如約而至，那天媽媽很激動，要求先跟我談幾分鐘。

她帶來了兩個消息。

第一個：女兒決定過完暑假就回學校上課。

第二個：女兒上學後週末不方便跑這麼遠，決定中止諮詢。

我很開心女孩回學校上課，也很好奇中止諮詢是誰的想法。

她支支吾吾不置可否，卻突然責罵起女兒，說她長能耐了，竟然敢打她這個當媽的。

我很驚訝，問她具體情況，她支支吾吾語焉不詳。

等女孩進來的時候，我聽到了另一個版本的說法：

原來母女倆週末去逛街，因為對一件衣服的不同看法發生激烈爭執，媽媽失控暴怒，當著店員和顧客的面狠狠抽了女兒一個耳光，當她不依不饒準備再抽耳光的時候，憤怒的女兒把她當眾推倒在地⋯⋯。

她講到這一幕時眼中含淚，我想像著那場面，感覺很難過。

我有些理解媽媽要中止諮詢的想法了。女兒的反擊，一定讓她意識到孩子真的長大了，而且這個長大與諮詢有關，這個長大令媽媽害怕，這意味著她將逐漸失去對女兒的掌控。以她極其偏執的心智，自然會遷怒於諮詢師。

有時候，當諮詢（尤其孩子的諮詢）開始起效，很多父母會產生矛盾心理，一方面他們為孩子的變化感到高興；另一方面，孩子對諮詢師的依戀與信任會令父母感到失落、嫉妒。失落是因為父母認為自己應該有能力搞定一切，求助於諮詢師是對自己的否定；而嫉妒則不僅針對諮詢師，有時也針對孩子，像這個媽媽，之前她是跟我做諮詢的，為了女兒主動放棄，因此潛意識裡跟女兒還有競爭的心理⋯⋯從人性的角度來看，不難理解。

女孩說，媽媽找了一堆藉口要她停止諮詢，並說在家附近給她物色了新的諮詢師。女孩很難受，偷偷哭了好幾回。

其實我也挺難受的，因為女孩的諮詢到了關鍵時刻，重新找諮詢師等於一切又要從頭開始，要建立信任的諮訪關係首先就很不容易。但這個時候，明知無法挽回的時候，我的回應對女孩至關重要。

我說：「對妳媽媽的決定我也很難過，但媽媽的話也有她的道理。她工作忙，上學要接送妳，週末還要帶妳補習練琴，再跑這麼遠來諮詢，時間上的確會有衝突。」

我鼓勵她接納新的諮詢師，就像當初接納我一樣。諮詢對她很重要，她必須透過諮詢獲得力量與成長。

她一邊點頭，一邊掉眼淚：「老師，我什麼時候可以再見到妳？」

我說：「等妳可以自己做決定的時候。當然，能自己支付諮詢費的時候更好。」

她含淚笑了：「對不起，老師，**我覺得我媽媽還沒有長大**。」

這句話讓我差點落下淚來。

臨別時，她要求擁抱一下，我們擁抱了。

諮詢結束後，戲劇性的一幕出現了，這個媽媽突然衝進房間，一邊急匆匆往茶几上放一個東西，一邊語速飛快的對我說：「謝謝妳，王老師，孩子能回去上學真的很感謝妳……。」

她動作之快，快到我還沒反應過來，便旋風般消失了。

她送的，是一瓶包裝精緻的法國香水。

那瓶香水，我至今都沒有拆開。

治癒你

很多人自身心理不太成熟，或者還沒有準備好就進入了父母的角色，對孩子而言，這是一件悲傷的事情。不成熟的父母很容易情緒化，動不動就把負面情緒投射給孩子，因此孩子很容易承接到父母的無力與困擾，在成長中進而發展出一些保護自己的防禦方式。

正常人與瘋子之間，只有一線之隔

「妳像一個人，我一看到妳，就覺得妳像一個人。」

「妳覺得我像誰？」

「像，像我的媽媽。」

＊＊＊

經常會被問到，一個諮詢到底要做多久？

諮詢時間的長短因人而異，有經驗的諮詢師在完成評估診斷後一般會給出相關的意見或建議，具體時間及諮詢目標由諮訪雙方協商達成一致。嚴格來講，一兩次諮詢是不夠的，僅為個人成長史與相關資訊的了解與蒐集，一個完整的諮詢至少需要一個療程。

以我的諮詢經驗為例，一般都是一個療程以上或長程諮詢，只有極少數來訪者僅做幾次或一次諮詢，當然，無論時間長短，每一次諮詢都是有意義的。

比如她，多年前只跟我做過一次諮詢，但我常常會想起她，對她的印象實在太深了。

＊＊＊

那時候我在某醫院擔任諮詢師，有一天忙完工作，走出房間準備休息，看到一位中年男人在門口徘徊踱步，見了我微笑著點頭，卻欲言又止。起初我不太在意，走過他身邊，又走回來，他還在，我正要關門的時候，他突然對我說：「我能跟妳交談幾分鐘嗎？」

我同意了。

進了房間，他急切的跟我解釋，他已經在外面等了兩個小時，當天他原本是帶七十多歲的母親來拿安眠藥的，但是他的母親在經過我房間的時候看到了我，問他我是做什麼的，他問了旁人，說是心理諮詢，結果他母親當即就說：「我要她，我要跟她聊聊。」

他說他很為難，因為來之前並沒有任何準備，也不確定我什麼時候有空，這事能不能成，但內心又很想滿足母親的願望，於是他和母親坐在門外的長椅上等待，直到我終於忙完出來，看上去有空他才找我的。

我告訴他諮詢需要預約，當天的時間不行了，改天再約吧。

聽到我的回答，他急了：「老實跟妳說吧，我平時工作很忙，根本沒時間陪我媽，跟她交談也不多，她也幾乎不對我提要求，所以今天我特別想滿足她，麻煩妳能不能通融一下，我雙倍付費好嗎？」

我當然不會要他雙倍付費，但動了好奇心，好奇一個老太太想跟我聊些什麼。

我打開門，看到他的母親，一個精瘦俐落的老太太正坐在長椅上，見我看她，一個勁的衝我笑，她的眼神和表情讓我感覺到了某種異常。

我把疑惑的目光轉向中年男人，他彷彿明白了什麼，趕緊關上門說：「對不起，我知道妳看出來了。我媽媽，其實她並不瘋，她就是一陣一陣的發作，有時候，她會突然失控，但過一會兒又好了，大部分時間還是正常的。」

我說：「你母親這種情況是不能做諮詢的。」

他急了：「求求妳破例一次吧，我媽這輩子實在太苦了，她也不是一直都這樣，她是後來生活太艱難才發病的。年輕的時候，她供我們兄弟上大學，後來我爸照顧她，等我爸去世了，我才把她接來北京。她這種情況，我老婆不讓她住在家裡，怕會影響孩子。我在外面租了房子，專門請了看護照顧她，我平時有時間就去看她，但我工作實在太忙了，很慚愧，沒有好好陪過她。我媽很孤獨，她從來沒說過想找誰說話，她是一看到妳就喜歡，妳就跟她談談好嗎？隨便說什麼都行，妳放心，她不會傷人的，我就守在這門口，有任何動靜妳就把門打開。」

我心一軟：「她有按時服藥嗎？目前情況穩定嗎？」

他連連點頭：「一直都有在服藥，目前情況很穩定。」

我剛答應可以諮詢，沒想到他緊接著來了一句：「我媽不傷人，但她經常有自殺的念頭，總想從窗臺上跳下去，麻煩妳看著她點啊。」

他的話差點讓我反悔。我一邊目測了一下窗臺的位置，下意識把兩張沙發往遠離窗戶的方向推，一邊想這諮詢該怎麼做呢，既要保護我自己，也要保護她的人身安全。

＊＊＊

進入房間後，老太太的注意力一開始完全在我身上，她一個勁兒衝我笑，我也對她微笑，我們就這樣相對而坐，相視而笑，然後她說：「小姐，我喜歡妳。」

她一開口，發出的聲音就像小孩子，又尖又細，天真又誇張。

我說：「謝謝妳喜歡我。」

她說：「妳像一個人，我一看到妳，就覺得妳像一個人。」

我說：「妳覺得我像誰？」

她用誇張尖細的聲音說道：「像，像我的媽媽。」

我：「能跟我講講妳的媽媽嗎？」

話題由此展開。她兒子說得對，至少此時的她是清醒的。

她回憶起自己的媽媽和童年，那是她記憶中最歡樂的一段時光，可惜這時光非常短暫。八歲那年，她媽媽在和爸爸的一次爭吵後喝藥自殺，爸爸很快再婚，繼母對她兇狠刻薄，小小年紀的她飽嘗了人間苦難，凡事都要依靠自己，大冬天的也要洗衣服、做飯，照顧弟弟……。

說著說著，她泣不成聲：「我的命好苦、好苦，我二十歲就結婚了。結婚以後，我老公對我也不好，天天打我罵我，我好想去死，我經常站在我家陽臺上，好想跳下去，去找我的媽媽。如果不是有兩個兒子，我早就死了。」

說起自己的苦難經歷，她的情緒越來越激動，眼神變得有些渙散，神情也有些恍惚，嘴裡自言自語，開始用家鄉方言說一些我聽不懂的話。

突然，她一眼盯住小圓桌上的筆筒，順著她的目光看過去，我不由得嚇了一跳，筆筒裡整整齊齊插著十幾支削得尖尖的鉛筆和蠟筆。

她盯著它們看了一會兒，突然又用怪異的目光看著我，我頓時覺得身體緊繃，產生了一個可怕的聯想：她會不會用這些尖尖的筆來傷害我……。

雖然空氣中彌漫著緊張的氛圍，我還是決定不逃跑，盡量平和的看著她，沒有表現出躲閃或害怕。

漸漸的，她的神情又變得柔和起來，又望著我一個勁兒的笑。

我趕緊抓住這個機會問她：「妳吃了很多苦，但兒子很孝順妳，把妳接來北京，老家的人都很羨慕你吧？」

她頻頻點頭：「姊妹們都很羨慕我，還有我的鄰居，她們好多人都沒來過北京。我的兒子對我好，我很高興。好幾次我想自殺，都是兒子救了我。我可憐的兒子，他太辛苦了，不能經常來看我。」

我說：「妳會怪他嗎？」

她用尖細的聲音說：「不，我不怪他，我理解他。我一個人的時候，就唱唱歌，我還喜歡跳舞呢。」

我說：「太好了。」

她眼睛一亮：「小姐，我跳給妳看好嗎？我從年輕時就喜歡跳舞，好多人都說我跳得好呢。」

這個突如其來的要求令我有些為難，她期待的眼神又令我不忍拒絕，我打量了一下房間，房間足夠大。我決定大膽一回，滿足她的願望。

得到我的允許，她開心得像個孩子。

她慢慢站起來，走到房間中央，屏氣凝神，擺出舞蹈的架勢。

那一刻的她，莊重而優雅。

她慢慢起舞，一邊唱一邊跳，我對她的舞姿感到很驚訝，很難相信一個七十多歲的女人，身體竟如此靈活柔韌。我的目光追隨著她的舞姿，她注意到我眼光裡的讚許，有一些害羞，但她跳得更歡快了。

這中間發生了一個小插曲，她跳得太投入了，以至於跳著跳著，就舞到了窗臺邊，我的心不由得揪緊了一下，克制住想過去抓她一把的衝動。好在她很快又旋轉著遠離了窗臺，我終於鬆了一口氣。

又唱又跳足足二十分鐘，她的眼神明亮，整張臉神采奕奕，我被深深打動了，不知不覺的，眼眶有些濕潤。她呈現給我的，是多麼奔放的生命力啊。她是多麼渴望被人看到。

諮詢結束後，她興奮的對兒子說：「今天我太高興了，太高興了。」

他兒子感激的看著我，不停的連聲道謝。

他正要帶母親離開，沒想到老太太突然折返身來，走向我，一把緊緊的抱住我，拍著我的背，用誇張尖細的聲音說：「小姐，謝謝妳，謝謝妳看我跳舞。」

我對她說：「妳要多保重啊。」

她大聲說：「我會的。」

那一刻，我為自己沒有拒絕她而深感欣慰。

＊＊＊

仔細回想，多年來我做過的諮詢中不乏類似情況的來訪者，他們已經出現明顯的早期精神分裂症狀（按：臺灣現已更改為思覺失調症），卻沒有被家人帶去相關醫院進行治療，而是先被帶來做心理諮詢。

之所以會發生這樣的情況，是因為他們的家人礙於面子和羞恥心，不願承認親人患病的現實，心存僥倖的把親人送來做心理諮詢，甚至在諮詢中隱瞞家庭精神病遺傳史。

直到諮詢師發現異常並明確告知，應轉送患者至相關醫院進行治療，家屬們才不得不痛苦又不甘心的離去。

如果大家身邊有人出現一些異常言行，比如幻覺、妄想、自殺念頭或行為等，都應及早送醫治療。越早治療，效果越好。

臨床治癒的精神病患者，基本的心理活動恢復正常，這時候，心理諮詢和治療才具備介入和干預的條件，可以幫助其康復社會功能，防止疾病的復發。當然，心理諮詢和治療必須嚴格限制在一定條件之內。

一個人生病是很痛苦的，若再不被家人理解和接受，則會加倍痛苦。

是人都會生病，不光身體會生病，心理也會生病。

其實，正常人和瘋子之間，有時只是一線之隔。

治癒你

現實中，很多精神疾病患者缺少愛與關懷，尊嚴也得不到保障，如果有適當的治療和社會支持，即使是精神分裂症患者也能過著正常的生活，也可以融入社會。精神障礙不像癌症等病症有較高的概率會直接導致死亡，但社會上對精神疾病類患者的忽視甚至歧視卻普遍存在。事實上，如果早發現、早治療，很多精神疾病是能夠痊癒的。

你不肯原諒的，是自己有過「那些」念頭

「雖然你不願意談更多，但是你傳遞給我一種感覺。」

他眼睛一閃：「什麼感覺？」

我看著他的眼睛：「你，不想活了。」

＊＊＊

第一次見到他，只能用消瘦、精神萎靡來形容。這個中年男人看上去虛弱到連獨自站立都成問題，是被他的妻子攙扶著進來的。人到中年的妻子體力明顯有些吃不消，說現在到哪他都得依靠她，再這樣下去恐怕得買輪椅給他坐了。

「是得了什麼病嗎？」我問。

「沒有，他什麼病都沒有。」

什麼病都沒有，身體卻迅速的衰敗下去，這讓他和家人很緊張，覺得肯定是患上疑難雜症了。家人帶著他，去各大醫院看了又看、查了又查，折騰了大半年，也沒有一個結果，最後醫院醫生建議他，去試試心理諮詢吧。

他很不情願的來做心理諮詢，對醫生的建議頗有怨氣，認為自己明明是身體出現了問題，醫生沒有能力檢查出病因，讓他看心理完全是推諉的表現。

他帶著這種不情不願的情緒來，自然不太配合，最初的諮詢是問一句答一句，不問就不說話，大多數時間坐在我對面，他都沉著一張臉，久久的沉默。我能做的只有耐心等待。

第三次諮詢，他突然質問：「妳說我到底怎麼了？」

我：「你覺得自己到底怎麼了？」

他：「我要是知道的話，還到這裡來幹嗎？」

我：「你不開口，我不能猜。我希望更了解你，我想知道你怎麼看待自己的症狀。」

他：「這麼說吧，我這樣的人，是最不可能有心理問題的，我事業成功，家庭幸福，兒女優秀，不知有多少人羨慕我的生活。竟然說我有心理問題，真是太可笑了。」

我：「所以你對諮詢很排斥。」

他：「是的，但我也來幾次了，就想知道我到底是哪裡出了問題。」

我：「在了解你更多情況之前，我不能輕易做判斷。」

他很失望，不斷的搖頭、歎氣。

我：「雖然你不願意談更多，但是你傳遞給我一種感覺。」

他眼睛一閃：「什麼感覺？」

我看著他的眼睛：「你，不想活了。」

他就像被針扎了似的，差點跳起來：「妳說什麼？我不想活了？」

＊＊＊

再一次來的時候，他的話明顯多起來。

他說：「上次妳說我不想活了，當時我很吃驚、很生氣，我要是不想活了，幹嘛還要四處求醫呢？我有什麼不想活下去的理由呢？回到家裡，我一個人的時候，突然發現，妳說得很對，我確實常常有不想活下去的念頭。」

我：「這種念頭什麼時候會出現？」

他：「夜深人靜的時候，空閒下來的時候。」

一旦打開話匣子，他其實很會表達。

他從小到大的成長之路還算順暢，但家境一般，父親是小學老師，母親沒工作，一直當家庭主婦。家裡好不容易供他上完大學，之後無論工作還是結婚、買房，家裡幾乎都幫不了他。他全靠自己的奮鬥和打拚，一直到中年以後，他才獲得了事業上的成功，也獲得了不菲的收入。身體的症狀是在事業有起色之後出現的。雖然沒有什麼大病，但是焦慮、憂鬱、失眠，還有胃部的不適感一直伴隨著他、困擾著他，到最後發展到全身的無力感。那是一種抑制不住的倦怠與消沉，就好像整個人不受控制的慢慢垮下去。

他的父母都已去世，談到母親時他反應平平，情緒沒有太大起伏，談到父親則神情凝重，如鯁在喉（他父親十二年前就離開人世了，母親是三年前走的）。

他說：「到現在我都不相信我爸真的走了。」

我說：「哦。」

他說：「不知道為什麼，就是不能接受這個現實。」

原來十二年前，他父親罹患癌症，這個噩耗幾乎摧毀了他們家，一來父親是家裡的支柱，二來癌症治療的花費很大，對於他們這樣的家庭負擔很重，而那時候的他收入不高，還有房貸，孩子上學的開銷也大，正是最艱難、壓力最大的時候。父親生病這件事，讓他有力不從心的感覺，他既不能丟下工作回老家照顧，又無力把父親接來北京治療。最後父親從發病到離世，僅僅不到半年的時間。

我：「我注意到，你談到父親的時候難以釋懷，談到母親的時候卻很平靜。」

他：「父親去世之後，我把母親接來北京一起生活，把她照顧得很好，母親生病的時候，我們全力醫治，她也沒受什麼罪。她的晚年生活很幸福。」

我：「能否這麼理解，你對母親的平靜，是因為你給了她很好的照顧；你對父親的無法釋懷，是因為你多年前的力不從心，那時候的你好像沒有辦法讓父親享受到母親的待遇。」

他的眼圈泛紅：「是的，這麼多年來，我一直不能原諒自己，我總在想，如果當年我像現在這樣有錢、有能力，我爸不會走得那麼早。」

說出這些話，他神情悲傷，長嘆了一口氣。

這麼多年來，父親的死是他心裡不可觸碰的痛。不敢去想，不敢談起。

這份看不見的痛隨著他的家境好轉而加深，他賺的錢越多，各方面條件越優越，這份痛越會時不時跳出來折磨他、困擾他。在用錢上，他對家人很捨得，但對自己極其苛刻吝嗇，有時候甚至到了過分可笑的程度，家人朋友都很不解，他自己也說不清楚是為什麼。

在諮詢中他逐漸覺察，**自己對家人的大方，是對過去沒有給親人更好生活的一種補償心理；自己對自己的苛刻吝嗇，是對自己的一種變相懲罰**：父親沒有享受過的，我也不能享受……就像他沒有病卻不斷衰弱下去，也是身體在替他的潛意識表達：以自我攻擊的方式表達對父親之死的愧疚，以潛意識裡不想活下去的方式去尋求最終的解脫。

他還是很憂鬱、很悲傷，但他的神情，慢慢變得機伶。他的身體，漸漸有了力氣，他不再需要妻子的攙扶，每次都自己走進諮詢室。

＊＊＊

好幾次，他在諮詢中欲言又止。

終於有一天，他說：「我想告訴妳一件事，但我擔心妳會怎麼看我。」

我說：「這件事對你一定很重要。」

後來才知，豈止重要，簡直就是一塊巨石，沉甸甸壓在他心頭好多年。

原來，當年父親病重，遠在北京無力照拂的他，日日經受著內心的糾結與衝突，難以忍受時，他曾不時冒出這樣的念頭：受不了了，讓這一切快點結束吧。

說到這裡，他泣不成聲：「我覺得我在咒他，我在暗暗的盼著他死……。」

稍後他平復了一些，對我說：「我是不是很壞、很不孝？」

他最終能夠說出來，是基於對我的信任，我會如何看待，於他很重要。

稍作沉吟之後，我說：「據我所知，很多人在面對親人生病的痛苦和煎熬時，都曾萌生過趕快結束這一切的想法。無論是病人還是家屬，面對疾病和死亡的時候，都會有恐懼和慌張，內心深處都想逃離，不想面對，還有一個想法是，不想看到親人受罪。我的理解是，儘管這些念頭會讓我們責怪自己，但這是我們人性中最真實的部分，沒有好壞，沒有對錯。」

他說：「有時我覺得是我的這些念頭害死了我爸。」

我說：「我們來假設一下，你的念頭很厲害、很精準，厲害精準到真的可以殺死一個人，但我想，在你的許多念頭裡，一定有祈盼爸爸能夠活下來的念頭，為什麼這個念頭不靈呢？」

他說：「我爸的病已經是晚期，手術都做不了，根本沒法治。」

我說：「所以你爸爸的去世與你有什麼樣的念頭其實沒有關係。**你不肯原諒自己的，是你不接受自己曾經有過那些念頭。**」

這話讓他為之一震。許久之後，他如釋重負，深吸了一口氣。

＊＊＊

當他做好準備，可以從心理上真正與父親告別的時候，在諮詢中我用空椅法[12]幫他完成了這次告別。

那個過程裡，他一邊流淚，一邊說了好多心裡話，盡情、痛快、充分的表達了對父親的愧疚與思念。當身處父親的位置時，父親對他說：「兒子，你已經盡力了，不要責怪自己，爸爸不希望看到你為我傷心，爸爸希望你好好活下去，不然我在九泉之下也難以安心……。」

最後，他回到兒子的位置與父親告別：「爸爸，你走吧，你安心的走吧，我接受你的離去。」

不要擔心我，我不會再責怪自己了，我會好好活下去，替你和媽媽好好活下去……。」

治癒你

情緒對人的身心健康有多重要？比如內疚，太深太久的內疚可以摧毀一個人活下去的意志。比如憤怒，憤怒太多又無處釋放的人，可能會形成自我攻擊，從而導致重大疾病的發生。

每個人都要關注自己的情緒，學會處理和發洩情緒，並及時清理不舒服的情緒，這是愛護自己的最好方式。

12 用一張空椅子，假想事物或人事物坐在上面，並進行對話。

「沒戲演」的小三，自己先下檔

「我並不想破壞你的婚姻，也不想影響你的事業。」
「那妳當初為什麼要拚命追我？」

＊＊＊

朋友來電，開門見山：「我知道你們搞心理的不給親戚朋友做諮詢，但我這個朋友你們互相不認識，一定要幫一幫。他已經半個月無法入睡，處於崩潰邊緣，再不調整，人就要毀了。」

我：「為什麼不在當地做諮詢？」

朋友說：「不方便嘛，我們這個地方熟人多，我這個朋友又有點名氣，很多人都認識他。他自己提議，除非去一個陌生的城市，否則決不在當地做。」

朋友簡單介紹了一下情況：當地××院副院長，年輕有為，本有大好前途，結果為了情人，要和他妻子離婚，鬧得沸沸揚揚。他很有壓力，但最大的打擊是，這時候情人竟然不願意繼續跟他好了，提出分手。他接受不了，痛苦、失眠，甚至想自殺……。

我和朋友約定，如果當事人願意，這個諮詢可以做，但朋友此後不得再詢問任何與當事人相關的事情（問我也不會說）。諮詢最重要的就是隱私的保密。

＊＊＊

幾天後，他來了，帶著他的情人。

他們在諮詢室附近的賓館住下，我們的諮詢約定是七天時間，每天兩小時（一般比較穩定的諮詢是每週一次，每次一小時）。這個約定打破了慣常的諮詢規定，我的諮詢風格是彈性的，比較靈活，會因人而異，根據每個個案的情況、結合個案的訴求和需要來確定相關規定。

見他第一眼，理解朋友說的快要崩潰並非誇張。身材高大的他，不僅面容憔悴、神情落魄、眼神黯淡，渾身還散發出極度虛弱與頹廢的氣息。再看他身邊的女人，眉宇間有一些焦慮，但顯得比他平和些。

談到諮詢目標，男人說：「我想不通，為什麼我突破層層阻力，為她犧牲這麼多，眼看著可以走到一起了，她反而要和我分手？」

女人說：「我並不想破壞你的婚姻，也不想影響你的事業。」

他用布滿血絲的眼睛瞪著她：「那妳當初為什麼要拚命追我？」

女人不理會這個問題，轉頭看我：「老師，有沒有什麼辦法能讓他先安靜下來，他已經半個月沒睡覺了，我怕他會崩潰的。」

聞此言，他神情痛苦：「我也想好好睡一覺，但就是睡不著。」

先緩解焦慮情緒，做呼吸放鬆訓練，才開始幾分鐘，他和她竟然像被施了魔法般雙雙睡著。不一會兒，他還發出了香甜的鼾聲。看著這對疲憊至極的人，我有些哭笑不得，心想讓他們好好睡一會兒吧，我也閉目養神好了。

＊＊＊

第二天再來的時候，他精神明顯好一些：「謝謝妳，我昨晚睡得非常好。不知道為什麼，一到妳這裡，我就放鬆了。」

和情人戀愛之前，他正處於人生最風光的時候，家庭和諧、事業順利，剛被提拔為副院長，是不少人豔羨的年輕有為的典範；加上他長得高大英俊，很有風度，也引來一些仰慕的眼光，他心知肚明卻不為所動。除了他和妻子感情很好、妻子很漂亮以外，他還是一個謹慎傳統的人，一向反對婚外情，認為是沒事找事，自尋煩惱。

情人是他的下屬，比他小十歲，相貌平平，外表並無任何出色之處，但她追他追得特別大膽、熱烈，無所顧忌。而且，她告訴他，她可以什麼都不要，不破壞他的家庭和事業，不給他添麻煩，只求他給她一點愛就好。

面對她猛烈的進攻，他拒絕過無數回，也溝通了多次，均告失敗。他越是拒絕，她越是熱烈。追求他的過程中，她還動用了許多小心思，比如突然給他一些意想不到的小驚喜，這些小心思令他漸漸有了新奇之感，同時也深深感動於她的用心與執著。

他和妻子是初戀結婚，之前兩人都沒談過戀愛。妻子和他一樣，來自家教甚嚴的書香門第，雙方性格都很含蓄內斂，戀愛也談得四平八穩。情人給予他的，是他從未經歷過的愛情，尤其那是一個比他小十歲的年輕女子，她對他的癡迷與仰望令他的男性尊嚴獲得了極大的滿足，這些都是妻子無法給予他的感覺。

他們相愛了，有了愛情的滋潤，他覺得自己年輕了許多，整個人都有活力了，而情人也越來越順眼、好看了。他慢慢動了真心。

在這個過程中，他內心有很多衝突，一方面這段關係要遮遮掩掩不能為人所知，既刺激又後怕；另一方面，工作中他難免對情人有所偏袒與照顧，引發了一些風言風語，家庭中他也難以面對妻子，對她深感歉疚，無法心安理得。

和情人偷情快一年時，他難忍內心煎熬，終於向妻子攤牌。妻子震驚之餘，理智的表示，如果他願意回頭，她可以既往不咎；如果他執意如此，她也願意放手成全。

他把這個消息告訴情人，以為她會高興，沒想到她暴跳如雷、涕淚交加，指責他為何不先跟自己商量，為何要擅作主張。

她的反應完全顛覆了他過往的情感認知，他糊塗了：「妳不是說愛我愛得要死嗎？妳這麼年輕跟了我，我要對妳負責啊。」

情人說：「我愛你，但不想破壞你的家庭，也不需要你為我負責。」

他：「不是妳在破壞，是我自己的決定，我決定娶妳，和妳永遠在一起。」

情人說：「我們分手吧，我不想傷害另一個女人。」

兩人就此鑽進了各自的牛角尖。以他單純拘謹的心智，無法理解這一切是為什麼。

＊＊＊

他的講述讓我有了一些想法，為了印證這個想法，我建議女方諮詢一次。

她出生在一個普通的工薪家庭，有一個姊姊，爸爸、媽媽最疼愛姊姊，好吃好喝的都先滿足大女兒，爸爸、媽媽也非常恩愛。她成了家中被忽略的那個人，以致於她常常會有「我是家裡多餘的那個人」的想法。成年後，她對同齡男子都沒興趣，就喜歡年紀比她大的有婦之夫。

說到這裡她看著我：「老實告訴妳吧，我在之前還愛過另一個已婚男人，在他提出要離婚和我在一起的時候，我離開了他。」

我終於理解，她為何不要他了。

生活中有些女人總是容易被有婦之夫吸引，不停的充當第三者，就像中了魔咒，這是典型的「戀父情結」。

佛洛伊德認為，兒童在性心理發展初期，會先把父母當作選擇物件，所以男孩更喜歡媽媽，女孩更喜歡爸爸。這個階段如果平穩度過，長大後對愛情會有正常的渴望。

如果一個女孩在和父母的關係裡被嚴重忽略，留下了心理陰影，長大後就容易陷入三角關係，渴望將異性從其愛人手中搶走。以這樣的成功來彌補童年時的挫敗，來滿足自己在原生家庭裡和媽媽、姊妹競爭父愛失敗而形成的情結。

她們一邊享受擊敗同性的成就感，一邊又很矛盾，在垂手可得的時候選擇逃跑和放棄，因為她們無法克制對另一個女人的內疚：孩子天性愛父母，如果異性父母愛自己勝過愛配偶，孩子會產生強烈的罪惡感和負疚感。在孩子心裡，父母是強大的，她們雖然渴望與異性父母建立唯一的親密關係，同時又畏懼同性父母的懲罰。

當她長大成為第三者，會將這種情感投射到三角關係裡。

當三個人的遊戲變成兩個人玩，她們又覺得索然無味、心生厭倦。

這就是當他提出與妻子離婚跟她結合時，她極力反對的原因。

她幾乎哀求我：「請妳一定要讓他同意分手。我真對他厭煩了。」

＊＊＊

再一次的諮詢，他一臉絕望：「昨晚我們又大吵一架……其實這兩天我也想了，要說有多愛她好像也不是。我就是想不通，一個當初口口聲聲說愛我的人，為什麼會突然反悔。妳說，我和她真的不可能了嗎？」

看著垂頭喪氣的他，我心中百感交集。他在期待我給他一個答覆，我卻不知從何說起。

稍作沉吟，我說：「你還記得，當初她為什麼會愛上你嗎？」

他認真想想，眼睛一亮：「那時的我，無論事業還是外表都很引人注目、很風光，不光她，很多人都會關注我。」

我：「嗯。」

他：「是否我現在這個樣子，已經失去了當初對她的吸引力？」

我沉默。

他很有悟性：「她當初愛的是那個看上去遙不可及的我，不是現在這個真實的我，對嗎？當我動了真心，為她拋棄家庭和事業，死纏爛打在她眼中反而失去了當初愛我的那份光彩？」

再一次諮詢，我注意到他剃掉鬍鬚，神情雖依然痛苦，但有了生機。

他開始跳出對眼前痛苦的關注與絮叨，講他的成長史、他的原生家庭，和父母、妻子的關係，他的工作以及諸多困惑。在近似梳理過往人生的過程中，他自己有了很多深刻的洞見。

最後一次諮詢，他和她雙雙向我致謝、道別，我們彼此心照不宣，誰也不提未來的事。

兩個月後，朋友突然來電：「妳猜我剛才碰到誰了，我碰到××了，曾經找妳做過諮詢的，妳還記得吧？他和他情人手挽手在河邊散步，神態又恢復到從前的樣子了，很有精神啊。對了，跟他不倫的那個女人，聽說正在申請調動，要去外地工作了……。」

治癒你

有一種愛情，得不到的時候拚命去追，一旦垂手可得，頓感索然無味，恨不得立刻棄之而去。這就是我們逃不掉的戀父情結。

女孩如果在和父母的關係中被嚴重忽略，或者在和媽媽、姊妹競爭父愛中感受到挫敗，長大後很容易捲入三角戀情中，以此彌補過去的挫敗。一旦三角戀愛變成兩個人的遊戲，當事人就會覺得沒意思了。

不能對外發洩，那我就攻擊自己

不能對外發洩，不能對外去攻擊，
那我就向內攻擊我自己吧，
攻擊自己是最安全的。

＊＊＊

一大早，她就帶著女兒等在門口，一見我就說：「約這麼早的時間真是麻煩妳了，先讓孩子在這裡諮詢吧，我來不及了得趕緊走，等做完諮詢她給我打電話，我再來接她。」

第一天我們電話溝通時，她一再強調自己很忙，但沒想到忙成了這樣，這一點和其他媽媽不太一樣，其他媽媽在孩子做諮詢的時候恨不得要守在門口。

我看看面前這個怯生生的八歲小女孩，再看看理著短髮、衣著講究的媽媽，不等我說什麼，也沒跟孩子說什麼，這個大忙人媽媽轉身疾步離去。

女孩坐在我面前，一雙大眼睛靜靜的看著我。

＊＊＊

關於她來的原因，她媽媽第一天簡單的告訴了我：「我家孩子三年沒剪過指甲了，過去我就沒當回事，還開心的呢，說這下可省了指甲剪了。後來我同事聽說了，勸我趕快帶孩子看看，是不是哪裡出問題了。我也不明白，這會有什麼問題啊？」

媽媽的表達有些令人擔心，孩子的症狀三年之久，當媽的竟沒有察覺。

面對茫然看著我的女孩，我有些躊躇，我不能貿然問「孩子，妳的指甲怎麼了」，我必須先聽聽她的想法：「媽媽告訴過妳為什麼要來這裡嗎？」

她遲疑了一下，想搖頭又輕輕點點頭。

我：「妳願意到這裡來嗎？」

她大力搖頭：「不願意。」

我：「雖然不願意，但妳還是來了，現在妳願意做點什麼嗎？」

她環顧房間，對沙盤[13]表現出了好奇，我鼓勵她：「妳可以過去看看，也可以玩玩。」

她一下子跑過去，站在擺滿沙具的木架子前，把感興趣的小東西拿起來玩，氣氛一下子輕鬆了許多。玩了一會兒，她的視線轉到一盒蠟筆上：「妳也畫畫嗎？」

我笑了：「有時候我畫，有時候別人畫。妳願意畫嗎？」

她點頭，我趕緊把一疊白紙遞給她，她開始坐下來安靜畫畫了。

我注意到，她畫畫的時候，選用的全部是黑色或咖啡色蠟筆，等她畫完，呈現在我眼前的，就是一幅色調暗沉的圖畫。

她的畫很有意思，一張紙分成兩部分。一部分畫的是室內的場景，有窗戶、有餐桌，有一個小妹妹正趴在桌上寫作業，旁邊有一個女人叉著腰、舉著手，身體呈前傾姿勢；另一部分是室外的場景，幾個小朋友正在一起玩跳繩，還有一個小朋友站在旁邊看。

我誇她畫得很生動，對我的誇讚她有些害羞，但看得出來很開心。

＊＊＊

我問她能否分享一下圖畫裡的故事，對此她非常樂意。

室內的場景是她的家，每天她放學回家就寫作業，不能玩遊戲也不能休息，媽媽回家第一件事就是守在她身邊，監督她寫作業。媽媽總是很嚴厲，隨時會指出她錯在哪裡，有時脾氣急了還要罵她，用手敲她的頭。放學回家是她一天中最不快樂的時候，室外的場景是她的學校，她喜歡下課時和同學們一起玩，那是她一天中最快樂的時候。

我指著旁邊站著看的那個小朋友：「這個同學在做什麼呢？」

她的神情有些憂傷：「這個同學是玲玲，她在看我們玩，她想跟我們玩，但我們老師不讓我們跟她玩，說她成績差，讓我們孤立她。其實，我還滿喜歡她的。」

一旦打開話匣子，她其實很能說，在她的講述中，我看到了她生活中的各方面。

因為父母工作繁忙，她五歲之前在爺爺、奶奶家長大，快上小學的時候，她媽媽擔心爺爺、

---

13 沙盤遊戲治療，源自瑞士心理分析家多拉・卡爾夫，因深受佛洛伊德的啟發所提出，讓來訪者自行挑選玩具，進行自我表現的心理療法。

奶奶太慣著她，把她接回了自己家。

六歲上小學，父母都重視她的學習，兩人每天輪流監督她寫作業。在學校裡老師也很嚴厲，對學習進度盯得很緊，而且明確表示，不希望成績好、表現好的孩子和成績差、表現差的孩子一起玩。

在她簡單的描述裡，我捕捉到太多東西，並嘗試去拼湊和理解：在爺爺、奶奶家可能是她被照顧得最好的時候，五歲和他們分離，回到父母身邊，父母並沒有照顧好她（還不如在爺爺、奶奶家），但對她的學習卻看得很重。

相比和爺爺、奶奶的分離，這對她是另一種壓力，而這個壓力是學校壓力的延伸。在家裡和學校裡，她體會到的都是被要求好好學習的壓力，除了學習，她的生活中好像沒有其他樂趣了。

小小年紀的她，頭腦裡已經被灌輸了很多絕對的觀念：學習是生活的全部、玩耍放鬆是可恥的、交朋友只能交學霸、必須疏遠學習差的同學、成績差的人老師和同學都不用理他，甚至還可以打罵他。

我問她：「如果妳是那個被打罵的學生呢？」

這個提問原本是想讓她換個角度去理解其他同學的，結果她很認真的說：「所以我必須要學習好呀。我媽說了，絕對不能退步，哪怕強迫自己也要學。」

悲哀，悲哀，學校和家庭教育的悲哀。

＊＊＊

她描述的這一切，令我又震驚又難過。

我決定直奔主題：「妳媽媽說妳經常咬自己的指甲？」

她有些害羞：「嗯。」

我：「能讓我看看妳的手嗎？」

已經對我有所信任的她，把雙手伸出來給我看。我看到這雙女孩子的手，十個手指頭觸目驚心的光禿禿，所有的指甲都被她自己啃咬掉了。

她說她的指甲永遠也長不出來，長出一點新的馬上就被自己咬掉了。

我想像著一個小女孩孤獨的啃咬指甲的場景，心疼得差點掉下淚來。

就發生在眼皮子底下的事情，一個孩子用自殘的方式表達內心的崩潰，她的父母竟毫無察覺，還當作笑話跟人講，這得有多忽略自己的孩子啊。

這個可憐的孩子，啃咬指甲長達三年之久，可想而知她內心是多麼衝突，多麼的焦慮不安。如此漫長的時間裡，她的很多情緒都沒有被看到，沒有被安撫到。

當一個人內心有太多衝突與情緒沒有出口的時候，往往會發展出一些自我慰藉的行為方式，不只大人，小孩同樣如此。

摳鼻子、揪扯毛髮、啃咬指甲、撕唇皮、撕手皮等，都是很典型的宣洩內心焦慮不安的方式，很多人**用這些無意識的強迫性行為，來緩解內心的痛苦**。

這種種行為其實是在表達：**我不能對外發洩，不能對外去攻擊，那我就向內攻擊我自己吧，**

攻擊自己是最安全的。

我對她說：「有些人和妳一樣，心裡緊張的時候就會去咬指甲，這樣做，好像會讓人感覺舒服一些。」

她看著我，點點頭。

我：「妳知道嗎？除了咬指甲，還有很多別的方式可以讓我們感覺舒服和放鬆。」

她：「別的什麼方式？我看看喜不喜歡。」

我：「比如畫畫啊、唱歌啊、運動啊，或者找別的小朋友玩啊。」

她眼睛亮晶晶的：「這些我都喜歡啊，不過，我媽媽說會影響到功課。」

＊＊＊

等到她媽媽來接她的時候，我讓孩子去大廳等待，我和媽媽溝通。

這媽媽是個急性子，一見我就連珠炮發問：「她到底怎麼了，嚴重嗎？要吃藥嗎？需要治療嗎？多久可以治療好，我們平時肯定不能來，只有週末或者放假……。」

我向她簡單說明了孩子的情況，建議家長也要找別的諮詢師做諮詢，並向她解釋，有時候只針對孩子做諮詢效果是有限的，如果她的父母家人不調整的話，以孩子的能力改變不了什麼。諮詢室裡的一小時，抵不過與父母長時間相處帶來的影響。只有孩子的重要撫養人有所調整和改變，至少能給孩子一個相對寬鬆的成長環境，孩子的症狀才會逐步減輕。

我一直認為，對孩子來講，最好的心理師是自己的父母，父母是陪伴孩子最長久的人，也是對孩子影響最大的人。但前提是，父母自身要有比較穩定平和的情緒狀態，並且不斷的學習和成長，才有足夠的智慧和能力去容納、承接自己的孩子。

這個媽媽一聽就炸了：「我哪有時間啊，她爸爸也很忙啊。我就不懂了，不是她在咬指甲嗎？當然應該治療她了。」

我說：「如果妳實在沒有辦法，堅持只讓孩子來，也是可以的，但效果肯定沒有父母配合來得好。」

溝通時間到了，她再三向我道謝，嘴裡一邊嘀咕一邊開門：「我回去跟她爸商量一下，這孩子太不省心了，回去就讓她馬上給我改，不改看我們怎麼揍她。」

聞此言，我大驚：「請等一下。」

她轉身回頭，疑惑的看著我。

我把門關上，對她說：「妳希望今天的諮詢費白花嗎？」

她搖頭：「不啊。」

我：「妳希望今天的諮詢白做嗎？」

她又搖頭：「不啊。」

我說：「這就是我建議妳要做諮詢的原因。我今天對孩子做的諮詢，馬上可以被妳剛才說的話毀掉。」

她吐了吐舌頭：「啊，我沒注意到，妳放心，其實我們不會真的打她，我就是跟孩子說話隨便慣了。」

我在心裡哭笑不得，這個媽媽，單純用粗心來形容似乎都不太夠。

治癒你

無論大人還是孩子，如果內心有很多衝突和情緒沒有宣洩的途徑，往往會發展出自我慰藉的行為方式，比如摳鼻子、咬指甲、撕嘴皮、扯毛髮等。這些行為是緩解痛苦的一種方式，其背後有著很深的焦慮與不安，同時也是一種朝向自我的攻擊：我不能向外去攻擊或傷害別人，那我就傷害我自己吧。

逃離，比堅持到底更需要勇氣

「不快樂的人實在太多了，哪怕生活在北京。過去我還以為，我是世界上最不快樂的人了。」

＊＊＊

那天走進諮詢室，看到客廳裡有個碩大的運動背包，助理說：「小Q來了，說想來看看妳，順便把包放在這裡，他今天在附近活動。看妳不在，他放下包先走了。」

眼前浮現出他的面容，我不由會心一笑。

我知道，他以這種方式和我連結。

＊＊＊

第一次見到他，是三年前的夏天，他從老家來北京舅舅家小住。

來北京是他和父母共同商定的結果，是實在沒有辦法的決定，因為第二年就該參加高考的他，已經有半年沒跨進學校大門。父母老師都愁壞了，老師還說：「如果這孩子資質一般也就算了，偏偏他還是北大清華的苗子。」

這個學霸級的孩子，不去學校的日子裡，天天在家玩手機、打遊戲，幾乎全天候的節奏。父母無奈接受了他不去學校，但要求他在家學習。媽媽差點想辭職在家守著他，一回家就坐在旁邊監督他學習，課本擺在面前，他假裝認真看，卻一個字也看不進去。

決定來北京有兩層意思，一是看換個環境後他能否認真念書，二是希望北京的心理諮詢師能幫到他。

陪他來的是在北京工作的舅舅，舅舅一臉愁容，擔心諮詢了也沒有用。

第一眼看到這個男生，感覺房間都亮了不少，他長相英俊、很有禮貌，言談舉止透著小心翼翼的教養。

頭兩次諮詢，他木訥沉默、無話可說。問他問題，他禮貌微笑，決不多說。

接這個諮詢我是有壓力的，因為他的父母家人傳遞給我的，是希望諮詢能夠短期見效，畢竟離高考的時間不遠了，這孩子遲遲還沒有進入狀態。

他不說話，這諮詢可怎麼做？

我讓他畫房樹人[14]，希望透過這種方式去了解他，結果不到兩分鐘他就畫完了。畫的線條十分簡單，一座小小的門窗緊閉的房子，一棵很大、很高的樹，但樹根底下是空心的，樹葉凌亂且並不繁茂。

我問：「人呢？」

他說：「畫了啊。」

我說：「在哪裡？沒看到啊。」

他指著房頂上一個小黑點：「那個就是啊。」

我吃了一驚，差點想笑，隨即又覺得有些難過。

他畫出來的那幅畫，成為諮詢的突破口。

＊＊＊

此後的諮詢，我基於對他所畫圖的判斷和自身靈性的部分與他交談，好幾次重要節點的碰撞，他眼裡的光是欣喜的，那是被人讀懂了的喜悅。

他因此慢慢打開了話匣子。這個頂尖學霸，原來不是不想說話，他是用不說話來觀察我、考驗我，看我有沒有能力理解他。

用這種方式與人互動、喜歡讓別人猜的孩子，其背後往往有強勢控制的父母。

他的父母性格都很倔強，大事小情誰都想做主，家中因此戰爭不斷，父親指責母親不溫柔、沒內涵，母親責罵父親冷漠、不負責任。

在他十二歲的時候，吵吵鬧鬧的父母又生了一個弟弟（對此他很生氣，覺得是不是嫌我不夠好，所以你們又要一個孩子），家庭瑣事更多、更亂，夫妻之間的爭吵也更多了。他極其反感，越來越不愛跟他們說話。

14 房樹人測驗，要求被試者在白紙上描繪房子、樹、人的圖，藉此了解其對家庭關係的看法。

在學校，他也很難跟誰親近，因為他學習好，長得又好，難免被人嫉妒孤立。男生不喜歡跟他一起玩，女生喜歡他，但又不敢靠得太近。他放眼望去，四下無人。

他很難分辨父母對自己的情感，雖然家裡好吃好喝都先供著他，但他認為父母愛他的前提是要他溫順聽話，是有條件的。他對父母質疑、冷漠，又時常因此而內疚。他越來越不喜歡那個家，尤其家中又髒又亂又吵的時候，他都有崩潰的感覺。他認為自己學習成績下滑和家庭環境有關，家裡太嘈雜，弟弟太吵鬧了。

但除了這個家他又無處可去，所以他習慣把自己關在小房間裡，瘋狂的玩手機和電腦，整天都不說話，到了學校也不想說話。與其說是對學習厭倦，不如說是對生活厭倦，他覺得一切都沒有意義，尤其是成績下滑，對他打擊很大，他無法接受自己不再是第一名，這個害怕導致他越來越牴觸去學校。

但在他的心裡，有一個北大夢，他跟我說：「只要我想學習，只要我看得下書，我一定是年級第一。」

極度的自戀和極深的自卑在他身上同時呈現。

我問他：「你在舅舅家看得下書嗎？」

他搖頭：「妳知道我來北京帶了多少書嗎？一大箱，但這些書其實都白帶了，我一本都看不進去。」

他的舅舅、舅媽沿襲了他父母監督他的方式，催他或陪他看書學習。結果，和在老家一樣，在北京的他，再次假裝端坐在書桌前看書，等舅舅他們一離開，他馬上掏出手機玩。

他自己也覺得累，覺得痛苦，但又無力控制。

他無助的看著我：「我該怎麼辦？」

＊＊＊

這時候我突然冒出一個大膽的想法。

先跟他商量：「這次諮詢回去，你告訴舅舅、舅媽，就說是我說的。請他們當著你的面，把你帶來的書全部放回箱子裡，再用膠帶把箱子嚴嚴實實的密封上。沒有我的允許，誰也不許打開箱子。」

他大吃一驚：「封多久？」

我：「一個月。」

他：「那我這一個月幹嘛？」

我：「這一個月，你想幹什麼就幹什麼，想玩手機就玩手機，想看電腦就看電腦，想出去玩就出去玩，誰也不要說你、管你。告訴他們，這是我說的。」

他有些興奮、迷惑：「真的嗎？」

我說：「真的，沒有我的允許，誰也不許打開箱子。」

他走之後沒多久，我被他父親和舅舅的電話轟炸了。

他爸爸情緒非常激動：「王老師，我完全無法理解，都到這個時候了，妳不讓他看書，還要把書全部鎖起來，這是為什麼？這不正中他下懷嗎？他就是不想念書，這下妳說不讓他看，他更有藉口了。」

我說：「如果繼續催促、監督、逼著他學習，你覺得管用嗎？」

他愣了一下：「可能不管用吧。所以才讓他去北京做諮詢啊，我們全家把希望都寄託在妳身上了。」

我：「謝謝你們全家人的信任。我也希望能幫助到你的孩子，但請相信我一次，我們試一試好嗎？」

我的態度溫和又堅定，他沒有辦法說服我，只好歎著氣掛了電話，算是默許。隔了千里之外，我依然感受到了他的失望與無奈。

＊＊＊

書被封箱之後，第一週，他玩得很嗨、很放鬆。

他：「這禮拜我過得太開心了，公開玩手機、看電腦，也沒人說我。」

我：「哦，那太好了。」

他：「玩久了有點煩躁，突然覺得那些遊戲也沒啥意思。」

我：「哦。」

他：「妳覺得我下週要做什麼？我想換個方式玩。」

我：「北京你是第一次來吧？」

他點點頭，我說：「除了手機和電腦，你還有別的興趣嗎？」

他：「看電影、跑步、騎車遠行，這些算嗎？」

我：「當然算，你好好規畫一下，下週去看電影、跑步，騎車逛北京城。」

他點頭，兩眼發光，無比憧憬。

一週後，他再來的時候像變了個人，神采奕奕。興奮的跟我分享他在北京城的所見所聞，以及他都看了哪些電影。

他：「老師，妳的建議太好了，我上週騎車去了好多地方，北京城太大、太美了，我敢說，有些地方妳可能都沒去過。」

他一說那些地方，還真的是，我在北京這麼多年都未曾去過。

我：「謝謝你，我找時間一定要去這些地方。」

他：「老師，下週我要做什麼呢？」

我：「你想做什麼？」

他撓撓頭：「還真說不好……哎，我知道了，先不告訴妳。」

一週後再來的時候，他的表情神祕又興奮。

他掏出了一部相機，他一週的祕密都藏在了這部相機裡。

我被他分享的照片震撼了，他竟然用了一週的時間去拍攝北京城。就像個耐心的獵人，蹲守在北京城不同的地方，拍他感興趣的人和事。

他說：「我觀察了至少幾百個人，得出來一個結論。」

我：「什麼結論？」

他：「不快樂的人實在太多了，哪怕生活在北京。過去我還以為，我是世界上最不快樂的人了。」

他嘿嘿笑起來，我也笑了。

諮詢臨結束時，他幾次欲言又止。終於忍不住：「老師，都過去三個禮拜了，我能打開箱子了嗎？」

我：「為什麼？」

他：「我想看書。」

我：「那怎麼行？之前我們說好的，至少要一個月，我允許了才可以打開。」

他有些急了：「可是我想看了呀。」

我：「到時候再說吧。現在來規畫一下，下週怎麼玩。」

他：「可是我都玩膩了啊。」

＊＊＊

這個孩子，再也沒來諮詢，亦未徵得我的同意。

他擅自跑掉了，帶著那一箱子書，提前跑回了老家。

這些，都是他舅舅在電話裡告訴我的。

再見到他的時候，已是第二年的九月，他到北京某大學報到，雖然並非他理想中的北大，也是很知名的一所大學了。

報到安頓好之後的第一件事，他跑來見我。

我永遠忘不了再次見到他的感覺，那般驚喜，那般有成就感。

總有人好奇：心理諮詢到底有什麼用？

如果問話的人，能親身體驗到一個生命對另一個生命的影響與改變，也許會更深的理解這份工作。在我的職業生涯中，因厭學前來尋求幫助，最終跨進大學校門的，已有七個孩子。

箇中快樂難以言表。

治癒你

出現厭學、沉迷於網路遊戲的孩子，並不是網路遊戲有多大的吸引力，而是可以借助遊戲去逃離現實，活在自己的世界裡。

這一般與父母家人對孩子的忽略有關。父母沒有看到孩子真正的需要，孩子就會以種種形式來表達反抗。當孩子拒絕上學的時候，不要急於去責備，而是先找找背後的原因是什麼。

番外篇一
心理諮詢師是幫人算命的嗎？

二〇〇四年深秋，時任某刊副總編輯的我去北京師範大學採訪心理專家沃建中教授，採訪結束後，他送我一個額外的福利：「如果妳個人有其他的問題也可以問我。」

適逢父親去世半年，那半年我一直頭暈、神思恍惚，難以從悲傷愧疚中走出來，便將此事告知沃教授，他深切的看著我：「想像現在妳就是妳的父親，看到女兒因為他的離去十分悲傷愧疚，他會對這個悲傷愧疚的女兒說些什麼？」我馬上進入角色，含淚說了很多很多，大意是：「妳能好好活下去就是對爸爸最好的愛和懷念。」

電光石火間，整個人突然輕鬆了，釋然了。此後再也沒頭暈過。

臨別時，沃教授對我說：「去考心理諮詢師證照吧，妳很適合當諮詢師。」

我很吃驚：「為什麼？」

他笑道：「就憑妳能說服我免費接受採訪。」

我說：「我不是科班出身。」

他說：「據我觀察，很多心理學教授也未必打得過民間高手。」

命運真的很神奇，冥冥中像有神的力量把我帶到這條道路，一路摸爬滾打、跌跌撞撞，其間酸甜苦辣自不必說。多年前終於正式進入心理機構掛牌執業，但半路出家的惶恐、深怕幫不到別人的心虛一直伴隨著我，使我不斷質疑當初的抉擇是否正確，直到某天一個深受強迫症困擾的男來訪者在諮詢中突然含淚對我說：「十年前我就曾徘徊在醫院心理科前，始終沒有勇氣走進去……。現在我很後悔，如果十年前我能面對自己的問題，就不會被折磨這麼多年了！」

療程結束後他再三誠摯向我表達謝意。隨著這樣的感謝越來越多，堅定了我的自信和這條路可以走下去的決心。

心理諮詢在亞洲是起步較晚的新興學科，在很多人心目中很神祕，曾有人問我：「妳這工作是幫人算命嗎？」

也有朋友好奇的問：「妳會不會知道我在想什麼，妳會研究我嗎？」

令人哭笑不得。

首都醫科大學心理學教授楊鳳池曾分享親身經歷。某次他接受北京電視臺採訪，頗有名氣的女主持人問了一個令他震驚的問題：「你們搞心理學的，如果看到身邊有人心理有問題，應該主動去幫他們解決吧？不然怎麼體現助人自助呢？」

楊教授反應奇快：「就好比我是一個牙醫，滿大街都是牙不好的人，我都主動走過去要求給人家拔牙、補牙的話，人家肯定以為我瘋了。」

作為有血有肉的心理諮詢師，當看到身邊一些令人吃驚的事情時，內心並非不起波瀾。比如某天我在地鐵看到一個父親大聲責罵他的女兒，那女孩還是一臉稚氣、背著書包的小學生。我在父親的罵聲中聽了個大概：剛參加完家長會，他被老師留下來談話了，說女兒表現不好，上課說話遞紙條，影響到別的同學。女孩試圖辯解，她的父親竟然開始搧她耳光，這一搧還沒完，女孩每說一句，當爹的就給一耳光。

彼時我能感覺到憤怒在心底升起，忍了又忍終於沒有去勸阻那位父親的行為，但我知道，這女孩將來有一天會坐在某個諮詢師面前，哭訴童年被父親當眾打罵的羞恥和被傷害的感覺。

唯一一次例外，是碰到一對情侶在大街上吵架，女的怒吼咆哮，男的木然呆立、束手無策。圍觀的人越來越多。

本來已經從他們身邊走過，不知哪來的一股力量促使我轉過身去，走到那男子面前，對他說：「你去抱住她，什麼都不要說。」

一開始他有些半信半疑，我以目光鼓勵他，於是他真的走上前去，一把緊緊抱住那個憤怒的女子，奇怪的事情發生了，那位先前母獅般狂吼的女子倒在他懷裡嚎啕大哭……。

心理諮詢有用嗎？當然有。一個小小的技巧，有時就有四兩撥千斤之效。

我本人就是心理諮詢的受益者，在不斷成長與整合中找到更好、更從容的自己，內心越來越堅定自信。從事這份工作多年，我周圍的人，包括家人和朋友也在潛移默化中受益。當然，諮詢師絕不能給親朋好友做諮詢（除非你想破壞彼此的關係），但當他們遇到問題或困擾向我傾訴時，哪怕是幾句點撥也會管用。若遇到諮詢動機強烈的，我會建議他找我的同行建立諮訪關係。

有人說：「**心理諮詢師本身就有很多問題**。」

這話我贊同，同時會加以補充：

世間所有人都有心理問題，區別只在於你是否有勇氣去面對。**一個心理健康的人，不是沒有**

心理問題的人，而是具有自覺發現自己的心理問題並積極想辦法解決的人，是有能力發展自我心理健康的人。

而心理諮詢師，是學會了解決心理問題並擁有積極轉化能力的專業助人者。我認為，鑑別一位合格心理師的標準至少應該是：他有沒有經歷過最深的絕望並從絕望中走出來，有沒有在經歷了許多對人性的失望後真正了解人性，以開闊的胸懷去包容、接納人性的光明與黑暗。

由於太多人對心理諮詢的不了解，對於自身發生的困境無法正確認知，一聽到心理兩個字就哆嗦，以為是世界末日。

我曾在醫院神內科見過被診斷為精神官能症[15]的婦女滿地打滾哭得呼天搶地，大有逼著醫師把診斷推翻的架勢：「我不是精神病，我不是精神病啊！」怎麼跟她解釋精神病和精神官能症是兩個概念都聽不進去。

也有父母寧願讓孩子長年累月的吃藥，也不肯帶孩子做心理治療。他們的觀念裡，看心理醫生就代表精神有問題，傳出去太沒面子，對面子的維護使他們選擇了忽略孩子的痛苦，其實孩子的問題越早面對效果越好。

隨著心理知識的普及，有越來越多的人選擇透過心理諮詢來幫助自己和家人。我敬佩那些為

15 以焦慮、緊張為核心症狀，以及各種身體不適的身心症狀。

了挽回瀕臨破碎的婚姻前來尋求心理幫助的夫妻，也敬佩為了厭學或網癮嚴重的孩子先來改變、調整自己的父母，還有為了探索、調整自我來做諮詢的來訪者，他們都是勇敢有力量的人。當人生遭遇種種危機的時候，能夠把危機化為轉機，給自己一個全新的出路。

一位來訪者對我說：「我從不避諱我在做心理諮詢，我還建議我身邊的朋友也透過諮詢幫助自己，解決困擾自己的問題。我覺得做諮詢就跟美容一樣，定期清理一下，內心就不會囤積太多垃圾。」

前幾天，另一位來訪者對我說的話更是令人為之一振，她說：「在國外，一個人如果不做心理治療，反而會被視為異類。」

對心理諮詢師而言，沒有比這更令人感動的話了。

我們已經歷的生命無法改變，但我們可以改變現在和未來。

願我們每個人都生活得豐盛而自由！

第二章

狠狠戳穿自己，卸下你心中的委屈

世上最好的關係，
就是成為彼此的依託。
請珍惜生命中那些為你托住的人。

我那麼愛他，為什麼他卻不愛我？

這要是一樓該多好，

一樓的話我都可以幫這個男人從窗戶逃走。

＊＊＊

經常有熱心讀者在我的文章下面留言，關心文章裡提到的來訪者後來怎麼樣了；還有些讀者，看完我的某篇文章後，意猶未盡的指出故事好像還沒有講完呢。

人大多善良，凡事都喜歡有頭有尾、有始有終，而且結局最好是花好月圓。看到那些令人揪心的人和事，到最後終於圓滿了，總會欣欣然鬆一口氣。

然而現實生活中，並非每一件事情都能清清楚楚、有所交代。

有時候，戛然而止的停滯與諸多的不確定也是一種結局。

每一個來諮詢的人，都會被問到因何而來。

有的人目的很明確，當下就能表達清楚。

有的人卻很茫然，說不清來的目的是什麼。

＊＊＊

五月的一天，一位滿面愁容的中年女子，推著坐在輪椅上的丈夫走進了諮詢室。

坐定後，夫妻倆都有些氣鼓鼓的，誰也不肯先說話。

我看看妻子，她一臉委屈惱怒，再看看丈夫，清瘦的臉紅彤彤的，一見我看他，馬上把視線轉向妻子，意思是妳問她。

我問是誰提出要來的，妻子馬上說：「是我。」

所為何來？

妻子說：「我也不知道為什麼來，妳問他。」

她老公說：「妳都不知道，我怎麼知道？妳數數，妳這樣推著我，去了多少間諮詢室了？」

他對我說：「妳這裡是第八間諮詢室，妳是我見到的第八位諮詢師。我到現在也不知道她到底要幹嘛，就這樣每天把我推來推去的。」

話音未落，他妻子突然痛罵開來：「你不知道為什麼來？嗯，你還有臉嗎？你做的那些事情你自己心裡不明白嗎？我就是要把你推來推去的，你以為我想推你呀，我就是太難受了，太怕自己崩潰了。」

那男人一下子無精打采，腦袋慢慢耷拉下去。

＊＊＊

在女人一把鼻涕一把淚的哭訴中，我終於聽了個明白。

年輕時她和老公是自由戀愛，兩人白手起家，創辦的企業在他們老家做得很大，很有名氣，兩個孩子能幹懂事，日子過得很讓人羡慕。當一切都往好的方向發展的時候，老公出軌了，而且動了真心。她是個暴脾氣，身體又壯，先逮住老公結結實實打了一頓，然後開始監管跟蹤。沒想到打一頓不管用，跟蹤也不管用，他還是跟第三者藕斷絲連，頻頻約會。於是某天夜裡，趁他熟睡之際，她用刀把他的左腳砍傷了。

我被她描述的這一幕暗暗嚇了一跳。

我重新打量起這一對夫妻，從面相來看兩人都是暴脾氣，但明顯女方更高、更壯，體力上更占優勢。

做老公的，聽到妻子跟人說怎麼砍他的細節，氣得臉都紫了，但又不敢發脾氣。

女方繼續講述：「原以為這下他該老實了吧，嘿，王老師妳能相信嗎？腿傷剛好一點點，他馬上就拄著拐杖跑去約會，又去見那騷貨了，氣得我呀……我豈是眼裡容得下沙子的人，膽敢第二次犯案，我能輕易饒了他嗎？一得到消息，我馬上帶了幾個親戚，直接衝到那騷貨家裡，把那女人臉都劃爛了。」

我：「劃爛了？」

她：「對。我也沒幹啥，就拿把小刀子在她臉上横著豎著劃拉了幾下，那張臉不是招男人嗎，我把它劃爛了，看她還招不招。」

我看看她老公，那男人已是滿臉通紅，雙手悄悄握成了拳頭。

我倒很想知道：在那樣的危急時刻，他都做了些什麼？

他妻子冷笑說：「他啊，我帶去的人先把他扣住的，他眼瞅著我把他小情人臉劃爛的。其實都不用阻止他，就他那個樣子，敢反抗嗎，敢救他小情人嗎？」

我：「他要是反抗了會怎樣？」

她瞪我一眼：「一起打呀。」

我不由得倒吸了一口涼氣。

＊＊＊

因為介入他人家庭的心虛，加上男人的百般勸阻，他的情人沒有報案，此事就這樣不了了之。但是，情人的臉被毀掉了，要治療、要做整型修復手術，逼著男人掏錢，男人因此花了幾十萬元。做妻子的心知肚明，知道是自己闖的禍，也心虛，對花錢這事倒不太計較。

她說：「錢，錢算什麼東西，我家最不缺的就是錢。這些年就是錢太多了，所以這死男人有機會出去偷腥，外面的女人真的會愛他？請照照鏡子吧，就他這副德性，那些騷貨口口聲聲說愛他，不就是圖他有錢嗎？要說他也是真傻，還以為人家對他動了真心……。」

突然怒目轉向老公：「你摸著良心問問自己，除了我，還有誰真心對你好？我從年輕嫁到你家，你家那麼窮，全靠我起早貪黑掙下家業，沒有我的付出，你那窮爹窮媽，還有你家那一堆窮親戚能過上好日子？你說，你對得起我嗎？」

男人頹然低頭，拳頭不知何時已悄然鬆開。

我看了看他輪椅上的雙腳，發現兩條腿上都綁著繃帶。

他妻子注意到我的目光，冷笑著說：「他恨我。我毀了他情人的臉，他可恨我了。每天他人坐在家裡，心在天外飄，天天撒謊出去約會，最後我實在沒有辦法，只好不去公司了，天天就在家守著他，看他往哪裡跑。以前我們是分開睡的，說到這個吧，又是我的痛心事，他已經整整十年沒碰過我了……算了，先不扯別的。為了看住他，我讓他搬到我房間住，結果有一天……，」

她氣呼呼的喝了口水：「有一天晚上，我半夜醒來，突然發現他正在地上爬，原來是想趁我睡著了好偷偷跑掉，把我給氣得呀，氣得我當場拿刀把他的右腳砍了。我承認，這一回比上一回砍得狠，我太氣憤了……這下好了，看你這樣還能往哪裡跑。」

聽得我後背發涼，對眼前這個男人充滿了無限悲憫與同情。

這是樁什麼樣的婚姻呀。

＊＊＊

不容我多想，女人突然站起身來：「我先出去坐一會兒，王老師妳跟他談談吧，他天天在家賭氣不說話，我怕他憋出病來。」

等她一關上門，我心裡竟然有一個念頭冒了出來：這要是一樓該多好，一樓的話我都可以幫這個男人從窗戶逃走。

隨後，我馬上意識到自己的反移情。我在同情這個男人，我在替他的未來擔憂。

我和他相對而坐，沉默了幾分鐘。

他先開口：「到妳這裡來講這些也挺丟人的，不過也丟了這麼多次了，這就是我的婚姻。從年輕跟她談戀愛結婚，我就開始後悔，一直想分開也分不了。」

我：「嗯。」

他：「分不了的原因呢，主要是她喜歡我，臉皮厚，哭著喊著要嫁給我。我一提分手，她就打我。但是，她對我、對我家人特別好，尤其把我媽哄得團團轉，我們全家老少都喜歡她，沒一個人支持我跟她分手，我一提分手，我媽還罵我，說老了能靠她也靠不了我。」

我：「嗯。」

他：「她是女強人，能幹又有經商頭腦，我家好日子確實是靠她賺錢的，所以我一直都挺尊重她的。但是，我不愛她，從一開始就不愛，這樣的婚姻能幸福嗎？我這麼說呢，是希望妳理解我，我為什麼要找別的女人。說實話，在別的女人那裡，我才體會到做一個男人的滋味，被人依賴、尊重、崇拜的滋味。」

我：「你在婚姻裡感受到很多痛苦，但你面對痛苦和解決痛苦的方式，把情況推向了更糟糕、更失控的狀態。」

他點頭：「是的，我非常清楚，但沒有辦法，我也想珍惜這個家，可是我也需要溫暖，需要被認可，我的要求不過分吧。這麼多年她對待我的態度和方式，早就讓我死了心，也早就讓我在家裡和公司顏面掃地……。我可以坦誠的告訴妳，等腳傷好了之後，我肯定還會離開的，而且會走得非常徹底，讓她再也找不到我。」

頓了頓，他說：「其實有件事我老婆不知道，知道了我大概連命都沒了。這些年我在外面還有一個家，還有一個孩子，這也是我一直忍的原因，因為這個孩子，過去我總覺得對不起我老婆。但是她這次把我傷得太狠了，我們算是扯平了，我不再欠她，也沒有任何內疚了。」

沉默，沉默，除了沉默還能說什麼呢？

她推著輪椅上的他離去的背影，讓我心生憐憫。

她和他一樣，都在痛苦中煎熬。

也許有人會問，他們為什麼要做諮詢？

看上去，他們並不需要答案或說明。

我做過的諮詢中，有極少數人是這樣的。

對此我的理解是，對他們而言，有一個安全的地方可以發洩失望、憤懣等情緒，可以說出壓抑在心頭的話，而且聽到這些話的人**不會給予任何價值評判與說教**。也許，這就足夠了。

治癒你

處處攀比、打壓、控制配偶的人，骨子裡往往是自卑的，是沒有自信的。他們需要**透過打壓別人，來證明自己的價值**。更可怕的是，一方自認為是愛的方式，在另一方看來堪比毒藥，最後往往造成關係的破裂，導致兩個人甚至一家人都活在痛苦當中。

太關注的後遺症，看什麼都不順眼

我們之間，到底誰有問題……？

誰痛苦，誰諮詢。

＊＊＊

三個大男人一擁而入諮詢室，這樣的情形在我的諮詢經歷中並不常見。

經常會做一家人的諮詢，幾位家庭成員往房間裡一坐，感覺並不突兀。但要同時面對三個人高馬大的男人，還是有些壓力的，尤其他們一個個如臨大敵般神色凝重。

坐下來，先搞清楚他們的關係，臉色陰沉的中年男人是兩個青年男人的大伯，也就是他們父親的哥哥。

因何而來？

中年男人先開口：「今天本來應該是我兒子來的，但是他死活不來，我沒有辦法，只好親自來了。我來就是想問一下，我兒子是不是有病，到底怎樣才能治療？」

我：「他有什麼表現讓你覺得他有病？」

他歎口氣：「我這個孩子啊，真的問題太多了。」

兩個青年男子附和的點點頭。

＊＊＊

他的兒子，二十六歲，IT男，年薪幾十萬元，不談戀愛、不愛交際，平時除了上班，就是宅在家。在家除了吃飯、睡覺，其餘時間都把自己關在房間裡，沒完沒了鼓搗他的電腦，經常熬夜，白天沒精神，週末睡懶覺。

他和妻子輪番上陣，想盡辦法跟兒子套近乎，希望他能多跟他們交流，多說說心裡話，但兒子表示很不耐煩，總以後背對著他們，令他們覺得有話無處訴，無比痛心、失落。

夫妻倆每天嘀嘀咕咕，越看兒子越覺得不正常：一個年輕人如此孤僻封閉的生活，莫不是生病了，還是心理或精神出了問題？

逮住機會，他和妻子把心底的疑問拋向兒子，暗示兒子有病應該去治，結果兒子反應激烈，很生氣的向他們申明，自己一點問題也沒有，就是喜歡玩電腦，不談戀愛是沒遇到合適的女生。兒子還請他們把注意力從他身上轉移開，多多關注他們自己。

言及此，他很憤怒：「關注我們自己？現在哪個家庭不是孩子最重要？我們關心他，他還不領情，完全不像小時候，小時候他可聽話，可黏我們了。」

他的兩個侄子附和的點頭。

我把視線轉到年輕男子身上：「你們覺得呢？你們大伯說的這些情況，我想知道你們是怎麼看的？」

一個侄子說：「我也覺得我堂哥不大正常，妳看我雖然還沒結婚，但戀愛也談了好幾次了，平時也愛跟朋友出去玩，我堂哥是不談戀愛、不愛玩，也不愛說話，確實挺讓人擔心的。」

另一個侄子撓撓頭：「我覺得其實還好啦，我堂哥其實滿能幹的，要說他有問題，我覺得沒那麼嚴重吧。他人聰明，工作能力又好，在公司還是骨幹，主管很器重他。可能他就是這個性格吧，我堂哥從小就喜歡一個人待著，但也不是不出去交際，只是交際少一些。可能我大伯比較愛操心，愛多想。」

話音未落，中年男人惱怒的瞪了他一眼：「我們幹嘛來的？來之前怎麼說的，是讓你來配合談你堂哥的事，還是來評價我的？」

嚇得這個侄子不敢再言語。

＊＊＊

我心裡已然明白了幾分：「你兒子可以正常工作，而且工作得很好，他本人並不覺得自己有什麼痛苦或問題，是你和他媽媽覺得他有問題，對嗎？」

他遲疑了一下：「是。」

我：「一般是這樣，誰痛苦，誰諮詢。」

他愣了一下：「不對，等一下，妳的意思是，我兒子不痛苦、不願意來，所以他沒什麼問題？」

我：「如果你們的描述是真實的，我認為沒什麼問題。」

他急了：「可能我們描述太簡單了，不足以讓妳完全了解。我天天和他生活在一起，他的各種行為都在我眼皮子底下，我自己的兒子，有沒有問題我最清楚。」

我：「你的話也許有道理，但他本人不在場，我不能隨便評估。」

他的臉因失望而沮喪：「那，只有照我的想法來了。」

我：「你的想法？」

他：「我想回家再跟他講講道理，勸他還是要來做諮詢，如果他還是不願意來，我準備和兩個侄子一起把他綁過來。」

我嚇了一跳：「綁過來？」

他眼露凶光：「我早看他不順眼，早就想揍他了。」

此言一出，他那倆侄子嚇得脖子往後一縮。

他說：「我對他算客氣的了，已經是一忍再忍。我一個同事，孩子不聽話，他們把他送到精神病院，進去沒多久那孩子就求饒，說保證以後好好聽話，他們才把他接出來。」

我能感覺到心底的怒火中燒。因為我知道他說的情況是真的，我遇到因此來諮詢的人就有好幾個，那些被父母強行送到精神病院的孩子，美好前程就這樣被父母親手毀掉了。

意識到自己的反移情，我平復了一下情緒：「還有五分鐘，我們的諮詢時間就到了，謝謝你對我的信任。作為一個父親，你為兒子擔心、想親近兒子，完全可以理解，但你的擔心可能有些過度了，因為是你感覺痛苦，不是你兒子。我覺得你兒子的話有一定道理，他請你們關注自己，也許他也在擔心你們，擔心你們的生活中只有他，沒有別的。要知道當我們**太關注一個人的時候，可能看對方哪裡都不順眼**。另外，親近孩子的方式有很多，最好不要用極端對抗的方式。」

他欲言又止，表情有些複雜。

我：「剛才你說要把他綁過來，如果你非要這麼做也不是不可以。」

三個人一起抬頭看我。

我：「三對一，他肯定打不過你們，但一旦發生這樣的事情，你可能要承擔一個後果，徹底失去兒子的後果。因為這種方式會嚴重傷害到他，會逼得他離你們更遠，甚至和你們決裂。」

＊＊＊

那之後沒多久，來了一對夫妻。

男的精明強幹，女的美麗嫵媚，一見面，男人就很坦誠：「我離婚了，有個兒子判給了我，這是我第二任太太，比我小十幾歲，別人都說我顯年輕，看上去跟她年齡差距不大……其實呢，今天不該我們來，應該我兒子來。我兒子的問題太大了，我都不知道該怎麼教育他了。」

一提到兒子，他的情緒突然變得激動起來。

還沒來得及搞清楚他此行來的目的，激動的他就連連揮手示意要我別打斷他。自此，他自行開啟了數落控訴「逆子」的模式。

在他的敘述裡，他是事業成功、財力豐厚的大老闆，十七歲的兒子堪稱富二代，長相英俊，可惜被他和前妻給慣壞了。那小子無惡不作，什麼壞事都幹，抽煙喝酒、打架鬥毆，花錢無度，到處撩妹，每次談戀愛都是玩玩而已；脾氣性格極其惡劣，不懂得感恩，很自大、很自我，凡事不順他意就要暴跳如雷，數次砸壞家裡值錢的東西，氣得他這個當爸爸的好幾次差點心臟病發作……。

他講話中間，他美麗的太太幾次想插話，都被他橫眉豎眼瞪了回去。

我抓住他喝水的空隙問了一句：「你兒子聽起來這麼糟糕，就沒有一點優點嗎？」

他一邊咕嘟咕嘟的吞口水，一邊興奮點頭：「這個問題問得好，他當然有優點，他最大的優點就是身體好，能吃能睡。」

他美麗的太太又想說點什麼，他很不耐煩的揮手：「閉嘴，聽我說。」

我看了眼他太太，她的臉色已經漲得緋紅。

五十分鐘後，滔滔不絕的他終於說完，在場的人明顯都鬆了口氣。

經過一番酣暢淋漓、毫無障礙的宣洩，他的心情明顯好了許多，扭頭向他太太說：「好了，妳剛才想說什麼，現在可以說了。」

他太太看看我，我以微笑示意她。

可能是剛才幾次想說話都被堵了回去，憋得太久，他太太的聲音有些失真的銳利：「你剛才說的那些話，我覺得有些不太客觀，對你兒子不太公平。我覺得孩子沒那麼糟糕，我跟他的關係就還可以呀，他也挺尊重我的。他只是不尊重你，老跟你過不去，因為你對他太嚴厲了，說實話，他身上的很多問題，你身上也有；你說他很自我，脾氣不好，其實你也很自我，脾氣也不好，你們父子倆其實挺像的……。」

她突然停了下來，因為發現老公的臉色已經陰沉到可以下雨。

房間裡的空氣彷彿凝固了。

掉一根針，估計都是巨響。

被同來的親密隊友當場倒戈，我有些替這個男人感到難堪。

然而事實證明，是我多慮了。

少頃，這男人仰天長歎一聲：「王老師，妳都看到了吧，我身邊的人，沒一個省心的，沒一個懂得感恩的……。」

治癒你

父母子女之間產生矛盾的一個重要原因，往往是**父母**好像**看不到孩子已經長大成人，已經具備獨立生活、工作的能力**。父母不願把孩子視作獨立的個體，仍把孩子視作自身的一部分，並對其享有很多特權和處置權，往往會引發孩子的逆反與憤怒。

如果失眠可以說話，它到底在表達什麼？

很多人的失眠背後，有深深的死亡恐懼。

＊＊＊

一個月前升職、三個月後準備和男友結婚，眾人眼中無比豔羡的她，在好事連連到來的時候，突然開始失眠。在持續月餘未見好轉的情況下，她前來尋求幫助。

在過去的三十年裡，她的睡眠都很好，從一個月前開始，每晚臨睡前她都會出現頭暈、胸悶的症狀，有時悶到喘不上氣來，需要大口大口深呼吸來平復。甚至有一次，症狀太嚴重了，嚇得家人趕緊撥打急救電話，但救護車到來之前，她的症狀又緩解了。如此反覆折騰，她的睡眠自然很差，每晚最多只能睡兩、三個小時。

她一邊說，一邊捂著胸口，以強調自己的難受。

問她覺得這些症狀與什麼有關，她搖頭說實在想不明白，自己什麼都好，經濟條件也很好，車房都有，沒有任何負擔。提到父母，她說也很好啊，一句帶過，不願多談。

頭幾次諮詢，她的關注點完全在身體症狀上。我發現她對於自己的失眠有一個很焦慮的預設，每天從早上就開始擔心如果晚上睡不著怎麼辦，因此諮詢中先幫她處理了這個預設的焦慮，並配合呼吸放鬆，結果效果很好，頭暈、胸悶的症狀消失了。

其他症狀沒有了，但失眠仍然持續，她常常在半夜驚醒，醒了就很難再度入睡。這讓她很抓狂，甚至考慮是否要延後婚期，因為她認為失眠對皮膚和容顏的傷害很大，她可不想做個憔悴的新娘。

失眠的原因遲遲找不到，這讓她非常焦慮，她說失眠就像個敵人一樣可怕，這個敵人正在傷害她，而她卻不知道敵人是誰，究竟藏在哪裡。

我的感覺是，一個人越是避免談論的，越可能是癥結所在。

她一直避免談論的，是和父母的關係。偶爾提到父母的時候，她的表情會有些牴觸和厭煩。她不想談論，我也不能急。諮訪關係尚未穩定之前，我能做的只是跟著她的節奏走。

有一次她跟我分享了一個夢，夢裡的她回到了幼年的時候，連身體都變得小小的。在夢中，她不停的向下墜落，她很害怕，在空中揮舞雙手拚命想抓住些什麼，但什麼也沒抓住，依然一直往下掉，往下掉，最後一下子掉落到地面上。雖然身體沒感覺到疼痛，但是心裡非常恐慌，因為她發現自己掉在了一望無際的沙漠裡，周圍什麼都沒有，只有她孤零零一個人。在那樣荒涼的沙漠裡，她恐懼得放聲大哭。

敘述這個夢的時候，她一直在流眼淚，彷彿這個夢真的發生過。

我問她這個夢讓她聯想到什麼，她搖頭說沒想到什麼，但是心裡好難受好難受。

我決定抓住這個機會大膽試探一下：「在妳小時候，有過跟誰分離的經歷嗎？」

她身體微微一顫，淚眼朦朧的看著我：「這個很重要嗎？」

我說：「很重要。」

＊＊＊

六歲那年的生日，她永遠清楚的記得，因為那是父母陪她一起過的最後一個生日。那一天，爸爸、媽媽給她買了好多玩具和新衣服，還有大大的生日蛋糕。那天她實在是太開心了，玩得很嗨、很疲倦，結果睡得很沉，以致於第二天醒來才發現，自己沒有睡在自己家床上，而是躺在外婆家床上。

後來她才知道，父母離婚了，媽媽準備帶她回外婆家住，怕她難過，爸爸、媽媽一致決定瞞著她，給她過個歡樂的生日之後再分開。

一覺醒來，從此就沒有家了。從此她很難見到爸爸，也很少見到媽媽，因為上班太遠，媽媽住在公司宿舍，週末才回外婆家看她。

上小學後，她幾乎把所有的力氣和注意力都用在學習上，有時間的時候還幫外婆做點家事；表現得很乖、很沉默，人人都誇她懂事孝順，不讓大人操心。沒有人知道，一個孩子內心世界的坍塌與裂變，但她自己知道，在她心裡，不會再輕易相信誰了。

六歲那年刻骨銘心的經歷，彷彿終結了她所有的快樂，從此以後她變了，連性格都變得沉默內向。此後的成長中，在幾乎所有的人際關係裡，她都很難跟誰親近，跟誰都保持禮貌又疏遠的距離。生活中她沒有知心的女性朋友，即便有過，關係也很容易斷裂；跟男友的戀愛也是一波三折、分分合合很多年，遲遲結不了婚，弄得雙方痛苦不堪又不明所以。

她很疑惑：「這些事情，跟我的失眠有關係嗎？」

我說：「在妳過去的生活中，有沒有遇到什麼好事的時候，妳卻不敢去相信，或者即便妳相信了也不敢讓自己太高興？」

她使勁點頭：「有，經常有，其實這也是我男朋友最想不通的地方。他說我和別人不一樣，每次遇到什麼好事情，反應都不像別人那麼開心，相反的，還表現得有點不高興。我也奇怪為什麼我會這樣，是我不正常嗎？」

我說：「也許妳在擔心，如果妳太高興了，接下來就會受到什麼懲罰。就像六歲那年，陪妳過了一個歡樂的生日之後，父母就分開了，妳突然就失去了自己的家。」

她的眼淚一下子湧出來：「是的，是的。」

她的悟性很高：「是不是我的升職，我準備結婚，這些在別人看來是好事的事情，其實都是我心裡害怕的、抗拒的，因為我怕自己有這些好運氣之後，會不會遇到什麼懲罰，會不會再失去什麼？」

她的失眠，正是她內心焦慮的表現。因為不明原因，所以更加重了失眠。

那天她哭了很久，那淚裡有悲傷，也有釋然。

她的諮詢一直在繼續，需要面對、處理和修通[16]的部分還有很多。

＊＊＊

很多因為失眠前來諮詢的人往往會如此表達：「王老師，如果妳能解決我失眠的問題，我的工作和生活就沒有問題了。」

我會半開玩笑的說：「會不會是生活出了問題，睡眠才出了問題呢？」

我的話無一例外會遭到堅定的否認：「不可能，就是睡眠影響了我的生活。」

有位男來訪者來見我的時候，已經連續半個月沒好好睡覺了，他的眼圈黑得嚇人，情緒還十分亢奮：「我是非常有自信的人，我不相信自己戰勝不了失眠。」

原來他是把失眠當作一場戰鬥來打的，自從失眠以來，他每晚臨睡覺前都會激勵自己：今晚一定要睡著！

結果越強迫自己，越是睡不著。

我問他：「失眠讓你有什麼樣的感受？」

他說：「感覺到失控，好像不能控制自己的生活了。」

我：「失控對你意味著什麼？」

他：「意味著失敗，意味著我輸了，但我從來不是一個認輸的人。」

還有人跟我說：「一到晚上我就興奮，就捨不得睡，總覺得就這樣睡了有點不甘心。寧願刷手機或做點別的拖拉一下，也不願意上床睡覺，結果一刷手機就到半夜了。」

很多人的失眠背後，有深深的死亡恐懼。

從精神分析的角度看，當一個人睡著了，就像死去了一樣。

無邊無際的黑暗中一切都變得未知，一切都失去了掌控。

---

16 working through，諮詢師透過積極誘導，讓病人提出可行的治療方案。

很多人不肯輕易的睡，其實是因為**害怕失去掌控**：萬一自己睡著了，再也醒不過來了，怎麼辦？萬一就此失去了全世界，怎麼辦？必須醒著，必須清醒的控制一切，必須確保世界如我所願的運轉。

那些被失眠所傷的人，恰恰是自己選擇了失眠。

那感覺就像一個人總是嚷嚷「說我好怕死好怕死啊」，偏偏其所做的一切都是在加速死亡。長期睡眠不好，容易導致各種病痛，容易崩潰、出現自殺的念頭，嚴重的話，真的會死人的。

希望控制一切，不接受失敗與瑕疵，極度追求完美。失眠最喜歡也最容易打敗的，正是這樣的人。

＊＊＊

這是我幾年前印象較深的個案。

一個因親人去世而恐懼到不敢睡覺的女孩，跟我說只要一想到有一天自己也會死去，心裡就特別害怕。

我問她：「媽媽生妳之前，妳在哪裡呢？」

她說：「媽媽生我之前，我還不存在呀。」

我說：「那媽媽生妳之前，當妳還不存在的時候，妳會感覺到害怕嗎？」

她說：「那時候都沒有我，當然不會害怕了。」

我說：「死亡就是妳出生之前的狀態啊。那時候還沒有妳，妳什麼都不知道，妳也不會感覺到害怕。」

那次治療之後，女孩的睡眠和情緒恢復了正常。

我們每個人都會有不同的情緒和症狀，會有各種焦慮和恐懼，這些情緒和症狀其實並不可怕，它們的存在是來提醒我們，我們的生活中發生過什麼、正在發生什麼，有哪些是我們尚未覺察卻影響到生活的。

每一種情緒或症狀的背後，都隱藏著我們潛意識裡**沒有去面對和處理的情結**，我們唯**一要做的就是找到它們**。

治癒你

失眠的背後，是深深的焦慮和擔憂，還有掌控的欲望。對很多人而言，如果感覺這一天沒做什麼，睡覺就成了一件不甘心的事情，而且睡著了就意味著對外界失去了掌控，會引發很多恐懼。總是抱怨自己失眠的人，其實恰恰是自己在潛意識裡選擇了失眠。

「我不是替身。」

沒有人敢告訴他，

這份愛背後掩藏著一個天大的祕密。

＊＊＊

決定找我諮詢前，他先跟助理表達了自己的想法：「我是一名大二學生，是瞞著父母來做諮詢的，準備諮詢的錢是我自己積攢的壓歲錢和勤工儉學掙的錢。麻煩問問王老師，諮詢費能優惠一些嗎？」

助理轉達他的訴求，我當即同意了。

大學生來諮詢，我一般會先建議他們利用自己所在學校的諮詢資源，尤其北京的大學幾乎都有自己的心理諮詢中心，對學生都是免費的，這麼好的機會為何不享用呢？但出於各式各樣的原因，還是有很多大學生選擇找校外諮詢師做諮詢。

對這部分的來訪者，我一般都會給予優惠。

＊＊＊

他來了。看到他的第一眼，我心裡暗暗驚訝了一下。

他的身形單薄瘦小，面色蒼白，眉宇緊鎖，滿臉心事重重，不像一個大二學生，更像是一名不快樂的中學生。

剛坐下，他就急切的向我講述自己的情況：從外地來北京上學後，他有許多的不適應，比如地域環境的差異、校園人際關係複雜等，並深受困擾，只能強迫自己慢慢去適應。最近半年來，他嚴重失眠，晚上睡不好，導致白天精神很差，總是神思恍惚，還有頭痛、胃痛、胸口痛、食慾差等症狀，去醫院檢查又沒什麼問題。他腦子裡總是胡思亂想，上課無法集中注意力。人際方面習慣獨來獨往，越來越牴觸跟同學來往。

我問他越來越牴觸的意思，他說：「剛上學那時候，我還可以跟同學來往，參加一些社團活動，現在不想跟人交際，也不想參加團體活動了。高中的時候我就不習慣跟同學相處，感覺現在又回到高中的狀態了。」

我注意到他一邊說話一邊有些坐立不安，不停的在沙發上扭動屁股，肢體語言緊張，不時的震顫、發抖。

他的狀態明顯很焦慮了。

我問：「你覺得這些症狀與什麼有關？」

他茫然搖頭：「不知道，我就是找不到原因才著急啊。」

我問他半年前生活中有沒有發生一些比較重要的事情，他仔細回憶了一下：「被妳這一說，我想起來了，半年前有一次我在校園裡走路，碰到了學校的流浪貓和流浪狗。我平時喜歡餵餵牠們，正好那天背包裡有吃的，我就蹲下來餵牠們。餵一條流浪狗的時候，那條狗的牙齒碰到了我的手。我當時沒在意，回到宿舍後，正好我媽媽打電話問我在做什麼，我就隨口把這件事跟她說了。結果，我媽一聽就急了，讓我趕快去打狂犬疫苗。我跟她說我的手沒有受傷、沒有出血，沒必要打疫苗，她不聽，堅持要我去打疫苗，還馬上把錢匯給我了。」

說到這裡他不好意思的撓撓頭：「我收了錢，沒去打疫苗，但跟我媽說我去打過了。」

有一天夜裡失眠，他突然萌生了一個念頭：「萬一我得了狂犬病，怎麼辦？」

他反覆回想當時跟那條狗接觸的過程，越想越後怕。儘管當時手部沒有傷口或流血，但似乎還是感覺到有些疼痛的，他無法確定狗的牙齒到底有沒有碰到他手，狂犬病毒會不會已進入自己的身體和血液裡。

他連夜查看資料：狂犬病潛伏期一般是十五天到三個月，多數病例潛伏期三十天到九十天，超過一年者不到一％，極個別的潛伏期可能六到十五年。

他被嚇到了：萬一我是那個潛伏期長的人呢？

從此，他再也不敢靠近貓狗，如果路上遇到貓狗會躲避，有時貓狗從腳邊跑過，他也會糾結半天，懷疑是否碰觸到自己腳部的皮膚。後來，他的恐懼慢慢擴大，開始擔心自己是否會生病，是否會發生意外。走在校園裡或大街上也總是瞻前顧後，生怕被車輛或貓狗撞到，為了保障人身安全，他甚至減少出門的次數。

他和宿舍同學關係尚可，有時會一起聚餐，有一次吃飯時他突然想到：他們當中會不會有人患有肝炎或其他傳染性疾病？萬一透過碗筷和唾液傳染給自己，怎麼辦？

自此，他以種種藉口拒絕和同學聚餐。

他成功的將自己與周圍的人和環境隔離開來，孤獨冷清，糾結恐懼。

我體會著他描述的宛如無人之境的狀態，感到有些揪心：「有這麼多的擔心和害怕，你會跟誰說呢？」

他搖頭：「不跟人說。尤其我爸媽，如果他們知道肯定受不了，對家裡我從來都是報喜不報憂的。」

這話讓我感覺到，他的情緒沒有向外宣洩的途徑，只能自己扛。

＊＊＊

他是獨生子，父母對其百般關愛，但很多心裡話他卻無法跟父母講。

一個人對自己父母如此缺乏信心，意味著什麼？

一次諮詢中，他回憶起五歲那年夏天發生的一件事情。他和小朋友在河邊玩，不慎失足落入水中，被人救上來以後，他媽媽都快瘋了，摟著他嚎啕大哭，媽媽過於失控的反應比落水的恐懼更令他印象深刻。

從那以後，媽媽不許他單獨和小朋友一起玩。週末父母陪他，父母上班的時候，會叫她乖乖待在保姆家。上小學後，他永遠是那個按時回家、從不在外逗留玩耍的孩子，這使得他幾乎交不到朋友。父母把他呵護得周密細緻，平時咳嗽一聲都恨不得要去醫院。每天上學前不停的叮囑，主題只有一個：安全、安全、安全。

怕不安全，學校郊遊不參加，稍激烈些的體育課以各種理由不上……諸如此類的事情數不勝數。年齡尚小時，他並未覺得有什麼不適。隨著年齡慢慢增長，尤其進入青春期，他心裡常有說不清道不明的煩躁，常常覺得活著好沒意思。但他不能抱怨什麼，因為幾乎所有認識的人都跟他說，**他的父母最愛他了**。

在我看來，他的焦慮其實早在上大學之前就開始了，而且已經持續了很多年。

我很好奇他家的家庭氛圍是什麼樣子的。

他說：「我們一家人雖然總是守在一起，但很少聊天。家裡的氣氛很壓抑，媽媽總是一臉憂愁不高興的樣子，爸爸不像別人家的爸爸那樣，出去喝酒打牌什麼的，他永遠在看電視，一個人喝酒。有時候，我很希望他們能有自己的愛好和興趣，但是沒有。他們甚至沒有往來走動的其他朋友。」

高考填志願時，按照父母的想法，希望他在本地或離家不遠的城市上大學，他堅持要到北京讀大學。內心深處，他實在不想再待在那個家裡，離父母太近。

他說：「老師，有一點好奇怪，有時候我會突然發呆，拚命的想，想我自己到底是誰。我總覺得這世上不該有我，有時我體會不到自己的存在，整個人就像是散的、碎的。」

看著他愁苦的臉、瘦小到像沒發育完成的身體，我突然有一種感覺，覺得這孩子好像被什麼東西給壓住了，壓得他無法自由舒展的生長。

那個壓住他的東西，到底是什麼呢？

＊＊＊

一個療程的諮詢之後，他的情緒和睡眠大為改觀，他為此欣喜不已，決定繼續做諮詢，澈底解決自己的問題。這個過程中適逢一個節日，他回了趟老家，跟父母講了自己做諮詢的事情，父母很支持他，把第二個療程的費用給了他。

他說：「我沒想到他們這麼快就接受了這件事，我媽媽說，只要是為我好，能讓我快樂，他們做什麼都可以。我這次回去，發現爸媽比以前開朗些了，可能和我的狀態有關吧，我高興，他們就高興，我們之間能多說一些話了。」

我說：「也許你很希望，你不在家的時候，爸爸、媽媽也能過得很好。」

他說：「是的。我上大學以後，他們每天都出去活動活動身子，跟鄰居打打牌，生活得還比較充實。」

我突然意識到，他才二十一歲，以前的人結婚生子都比較早，按理說他的父母應該也就四十多歲。每天都能出去打牌，這可是退休的狀態呀。

他說：「他們是退休了啊。」

我說：「媽媽生你的時候多大了？」

他撓頭想想：「沒問過我媽，三十多歲吧？妳這一問，我想起來了，從小我就覺得我爸媽比其他同學的爸媽要顯老些。」

電光石火間，一個念頭突然出現在我腦子裡。

我說：「我想跟你媽媽單獨通一次電話，你介意嗎？」

他說：「不介意，可以的。」

他媽媽第一時間打來電話：「為了兒子，需要我做什麼，我都配合。」

我說：「我想冒昧問一下，××是您的第一個孩子嗎？」

電話那頭突然沉默了，沉默時間之長，令我疑心電話是否已經掛斷，剛想再確認一下，話筒裡傳來了抽泣聲：「不是，他不是第一個孩子，我的第一個兒子，他已經沒了……。」

＊＊＊

她的第一個兒子，十三歲時死於車禍。

天彷彿塌了，她崩潰到幾度自殺，都被搶救回來。

怕她睹物思人，家人處理了孩子生前的所有物品，迅速抹掉了他存在過的所有痕跡，最後連孩子的墓地在哪裡也不敢告訴她。她也不敢問，這使她時常心懷僥倖和幻想，覺得自己的孩子沒有死。

再一次懷孕給了她莫大的安慰，也給愁雲慘霧的家帶來了希望。懷孕期間，她和丈夫都覺得，他們失去的兒子，一定會以另一種方式回來。

生下來的第二個孩子果然是男孩，夫妻倆喜極而泣。

不用商量，夫妻倆很有默契的把大兒子的乳名用在了二兒子身上。

他們破碎的世界被修復了，但更多的擔心憂慮也出來了。

這個兒子太珍貴了，他們恨不得要把他捧在手心裡，恨不得他寸步不離自己的視野。他們用愛精心編織了一張密不透風的網，把兒子妥妥的罩於其中。

所有知曉他家變故的人對此都表示了理解和接納。

這也是為什麼很多人都跟他說「你的父母是最愛你的」，卻沒有人敢告訴他，這份愛背後掩藏著一個天大的祕密。

他媽媽很急切：「這件事情一直瞞著孩子，對孩子會有什麼影響嗎？」

我：「我相信，妳和丈夫很愛你們的兒子，但或許忽略了一些東西。多年來，也許你們沒能把他當作一個獨立的生命個體來看待，有意無意的把他當作了第一個孩子的替身……**我們每個人生下來都是要為自己活的，沒有誰想成為誰的替代品**。如果被當作別人的替身，我們就會被壓抑，喪失存在感，沒有辦法活出自己的光彩和快樂。」

她邊哭邊說：「妳說得對，我從來沒想過這個問題。這方面他爸爸還好一些，主要是我，有時候我心裡就是把他當成大兒子來看的，從來沒想過他本人會有什麼感受……我太對不起我兒子了，現在怎麼做才可以補救？」

我說：「去跟第一個孩子告別吧。」

丈夫帶著她，去了大兒子的墓地，夫妻倆撕心裂肺的痛哭了一場。

與死去的兒子完成了真正意義上的告別之後，她感到前所未有的輕鬆。

她和丈夫決定，等小兒子從北京放假回家，要親口告訴他這個祕密。如果兒子願意，他們會帶他去墓地憑弔他的哥哥。

治癒你

每個生命存在的意義，就是要活出自己的光彩與獨特。

如果一個人長期被當作另一個人的替身，就像從未為自己而活過、存在過，這個人會陷入無邊的焦慮與悲傷中。唯一的解決辦法就是看到他，承認他的存在。

生而為人，我們都是要為自己而活的。

在你摔倒時，誰是那個托住你的人

他靠近陽臺欄杆，探頭向下張望，

想找一個跳下去以後不會傷著路人的角度。

他開始嘗試把腿跨上欄杆……這時候，他的手機響了。

＊＊＊

很多人跟我分享過一種感受，身處高山、大橋或者高樓的時候，他們常常會產生一種一躍而下的衝動，而且並不覺得有多可怕。比如在高山上看底下層層疊疊的綠色叢林，在大橋上看那泛著金光的平緩河流，都會給人帶來一種錯覺和誘惑，覺得跳進去一點都不危險，內心深處甚至隱隱渴望融入其中。

到過四川省峨眉山金頂的人大多感歎：捨身崖的雲海太美了，讓人有股跳下去的衝動。事實上，每年都有好幾十人義無反顧的從捨身崖上跳下去，很難說是否被雲遮霧繞的景觀所吸引，臨時起意也未可知。有時美到極致，反而成為最危險的誘惑。

我的一位麻醉師的美女在網路發文：「那些臨時起意自殺的人，只要是搶救回來的，幾乎都後悔了。」

有些人告訴她，在跳下去尚有意識的過程中，自己已經很後悔，但是來不及了。衝動的後果很嚴重，即使保住了命，身體往往會留下後遺症。

＊＊＊

在一個獨自飲酒的夜晚，情緒低落的他從二十五層樓上向下俯瞰，突然萌生一個憂傷的念頭：如果此刻自己跳下去，可能是最好的結束。

這個念頭一經滋長，就無法停止。他站在陽臺上，看著樓下螻蟻般細小的人影和車流，漆黑夜色裡遠處的點點星光，離他如此遙遠而空曠，足以抹去所有的恐懼。那一刻他被強烈的誘惑了。他想，死沒什麼大不了，只需輕輕往下一跳，所有的痛苦和壓力就都解脫了。

他靠近陽臺欄杆，探頭向下張望，想找一個跳下去以後不會傷著路人的角度。

他開始嘗試把腿跨上欄杆，一邊想要不要跳之前來個加速度⋯⋯。

這時候，他的手機響了。

電話是在老家的父親打來的，父親說：「差點忘了跟你說，你媽做了你最愛吃的風乾肉，已經寄出去了，可能這兩天就到北京，注意收快遞哦。」

這個電話啪的一下把他打回了現實。

他說：「如果當時我爸電話晚來一會兒，我可能就真的跳下去了。那個電話把我打醒，使我意識到這世上我不是一個人。」

＊＊＊

十四歲那年，不堪父親家暴的她，決定寒假放假的第二天就離開家，去一個遙遠陌生的地方流浪。之所以選那個時候，是因為她知道自己的期末成績單拿回家，肯定又會招來一頓暴打。她渴望擺脫這樣的日子，奔向未知的遠方。

做出這個決定之後，她反而坦然而平靜，甚至還有些激動。她悄悄收拾了喜歡的衣物和積攢已久的零用錢，提前把它們藏在床底下，就等第二天從學校回來之後，拿了背包就離開這個家。

到了學校，看到成績單，果然數學又不及格了。儘管在預料中，她還是很傷心。沒想到這時候班主任老師當眾宣布，她的語文成績考了全年級第一，作文滿分，而且將被選登到省級文學刊物。

她既高興又難過，心想那又怎樣，語文再好，數學這麼差也兩相抵消了，偏科[17]太厲害，將來考試都成問題。

站在講臺上的班主任老師彷彿看穿了她的心思，突然說：「我經常說一句話，一個人語文成績好其實很重要。我見過很多人，理科很差，但文章寫得好，或者寫得一手好字，結果長大了還是很有出息。從長遠來看，擁有一技之長，比單純的分數高更重要。」

她心裡像被照進一道光，有了欣喜和希望，突然覺得，自己的路還沒有絕。

結果那天回家，父母得知她語文成績和文章的事，竟比她還要高興。

---

17 指部分科目在全班或全校都是名列前茅，但某幾門科目卻處於中下水平或更低。

此後她的生活，果然印證了班主任老師說過的話。她打從心裡感激他，她曾無數次設想，如果當年真的離家出走，小小年紀的自己會遭遇到什麼，真是不敢想像。

＊＊＊

她和他，一對郎才女貌的璧人，旁人眼裡的恩愛夫妻，感情生活卻已走到岌岌可危的地步。

原來她小時候曾被父母送到親戚家寄養，長大後才接回來。這導致她骨子裡非常疏離、自卑，和家人都不親，缺乏安全感，從不相信這個世界上會有人真的愛自己。

每一段戀愛裡她都在不停的懷疑和無休止的索取。越喜歡一個人，越是變本加厲的折騰別人，最後總是把對方逼得落荒而逃；等到對方真的跑掉了，她又會在心底冷笑：**果然不夠愛我，果然我不值得被愛**。

後來，她遇到了他。

他是真的太愛她了，所以對她故技重施的各種折磨，全部採取容忍順從的態度，直到讓她感動了，覺得他是可以託付終身的男人，兩個人才終於走入了婚姻。

然而，婚姻並沒有改變她內心深處情感的空洞與匱乏，根深蒂固的不安全感始終纏繞著她，尤其當他偶爾對她怠慢的時候，當他有自己的工作需要投入的時候，她又會開始擔心和懷疑。忍無可忍的他開始不耐煩，兩個人開始各種爭吵，一吵架她就提離婚，但他在這個問題上永遠都對她說「不」。

這個堅定的態度使得他們即便吵得再厲害，也始終沒有分開。

但是，兩個人都很疲憊了，都不知道該怎麼走下去。

她對我說：「我知道我有很大問題，但我就是停不下來。」

我說：「妳一直不停的折騰別人，其實是在不斷的試探，試探妳到底可以過分到什麼程度，他才會離開你。」

她的眼淚嘩的一下出來了。

他對我說：「我到底該怎麼做，才能讓她安心？」

我說：「對於一個內心有著巨大黑洞的人，除了用愛去填，沒有別的辦法。」

他也哭了，他說：「我明白了。」

後來，他的投資遭遇一個很大的挫敗，差點有牢獄之災，這時候勇敢站出來營救他的，竟然是一直依賴他、彷彿永遠長不大的她，這是他始料未及的。

看上去多年來他一直支持著她，托著彼此的關係，他托得太好了，所以她，長大了，反過來也可以托著他了。

＊＊＊

世間最好的關係，就是成為彼此的依託。

就像《無問西東》裡[18]，陳鵬和王敏佳的愛情。

18 清華大學百年校慶獻禮的電影作品。

王敏佳遭遇人生最恥辱、最痛苦的經歷時，被陳鵬帶回老家休養，容顏被毀的她對陳鵬說：「我不敢閉眼睛，一閉眼就覺得自己往下掉，一直往下掉，下面特別黑，我特別害怕。」

陳鵬緊緊抱住她說：「我就是那個給妳依托的人，我會跟妳一起往下掉，不管妳掉得有多深，我都會在下面給妳撐住……我什麼都不怕，就怕妳掉的時候把我推開，不要我給妳托著。」

最後兩個人的結局是美好的，當陳鵬完成使命回到村莊尋找王敏佳的時候，王敏佳也跑到茫茫戈壁灘去尋找他了，帶著愛和希望，和從今往後她要照顧他一輩子的決心。

很多和憂鬱症對抗數年卻經久未癒的人，就是因為不相信有人會接住自己，自己真的會好起來，所以死死的懸在半空，寧願百般掙扎，也不敢往下掉。

對於信任我的來訪者，我會鼓勵他們**放棄對抗**，**允許自己掉到谷底**。

只有掉到最絕望之處的重新站立，才最有力量。

有位來訪者的話我一直銘記在心，曾經憂鬱的她對我說：「無論我的情況有多麼糟糕，都是妳一直穩穩的接住我。不管有多麼煎熬，只要一想到有妳在，我心裡也是安定的。」

我喜歡這段話，它讓我明瞭自己的價值和工作的意義。

很多時候支撐我們活下去的，不過是有人在恰當的時候，用力托了我們一下。

請珍惜生命中那些為你托住的人。

治癒你

悲與喜、生與死，有時就是一念之差。人生的關鍵時刻，一句話、一個眼神、一個擁抱、一個電話，也許就能讓想步入絕境的人轉念活下來，選擇另一條道路。很多人親身經歷的故事印證了這一點。請做個給別人溫暖的人，也接受別人的溫暖吧。

無論大人怎麼掩飾，都逃不過孩子的眼睛

世上最好的關係，就是成為彼此的依託。
請珍惜生命中那些為你托住的人。

＊＊＊

諮詢師的職業很容易令人好奇，總有人會問我一些有趣的問題。
「老師，妳做過小孩子的諮詢嗎？最小的幾歲呢？」一位年輕的來訪者突然問我。
「做過。三歲的孩子。」
「哇，那麼小的孩子，怎麼做諮詢啊？」

＊＊＊

我諮詢經歷中最小的來訪者，是一個正在上幼兒園的三歲小男孩，因為在幼兒園出現種種行為問題，老師建議家長帶他來做諮詢。
是男孩的媽媽帶他來的，她的描述是，兒子非常好動，脾氣急躁，很難入睡。在幼兒園不知該如何跟其他孩子相處，跟小朋友在一起的時候喜歡動手打人、推推搡搡；在幼兒園外的表現也一樣，弄得其他家長氣憤不已，不許自家孩子跟他一起玩，這使他很難交到好朋友。她每次帶他

出門，都要小心翼翼的看護著他，生怕他惹禍，但與此同時，他又表現得很黏人，尤其是喜歡黏著媽媽，媽媽到哪都恨不得跟著。

我問這位年輕的媽媽：「妳覺得孩子的表現與什麼有關？」

年輕媽媽說：「我想過好多遍，始終不明白他為什麼會這樣。在家裡我們都很寵他，幾乎要什麼給什麼，全家人都很愛他呀。」

小男孩很有精神，眼睛大大的，神情不像其他同齡孩子的天真無邪，有點心事重重的樣子。進了諮詢室，他好奇的四處張望，對沙盤和陳列架上的模型表現出濃厚的興趣，對沙盤的關注使他可以接受與媽媽暫時分開，他答應留在諮詢室裡玩沙盤，媽媽在外面的房間等他。

諮詢室的沙盤比較高，而他的個子又太小，只能讓他站到椅子上去擺。

他很認真的站在椅子上，從陳列架上取他感興趣的沙具模型，然後爬下來，再爬到椅子上，將模型一一擺放到沙盤裡。當他終於完成自己的沙盤作品時，他很樂意讓我跟他一起欣賞。

整個沙盤幾乎都被他擺放的沙具填滿了，獅子、老虎、黑熊、恐龍等大型猛獸占據了一大片，蜥蜴、毒蛇、鱷魚半掩半藏在荊棘叢裡，有些恐怖詭異的意象；還有一座房子是倒在地上的，旁邊有幾個手持長刀長槍的士兵圍成一圈，中間是一堆高高隆起的沙子，仔細看裡面還埋了一個女人，只隱約露出了頭部……。

一個三歲孩子擺出來的沙盤，帶給我的第一感受是，心裡堵得慌。

我問他：「你在哪裡呢？」

他指指持槍的士兵：「我在這裡。」

我又問：「埋在沙子裡的女人……？」

不等我說完，他說：「那是我媽媽。」

想想又說：「我要把媽媽藏起來，誰也找不到她。」

我問：「為什麼要把媽媽藏起來？」

他說：「爸爸打媽媽，爺爺打媽媽。」

徵得孩子的同意後，我請他媽媽進來看兒子的作品，看到沙盤的第一眼她就流露出震驚的表情。即便沒有任何心理學常識，她還是表現出了強烈的不安和擔心。她指著那些猛獸、倒塌的房子、持刀槍的士兵，一臉的不可思議：「怎麼擺出這麼些東西來？」

我說：「這些東西讓你想到了什麼？」

她說：「壓抑、恐怖、死亡……這也太可怕了吧，他還這麼小，擺的東西挺嚇人的。」

＊＊＊

沙盤的奇妙之處在於，可以真實呈現一個人的內心世界，是當事人自己亦未曾覺察的潛意識的表達。

這個三歲男孩雖然無法像大孩子或成年人那樣，用語言精確的表達自己的所思所想，但他的沙盤已經替他做了無聲的表達。

那些大型猛獸、毒蛇、鱷魚，代表他內心深處的許多恐懼。

那座倒塌的房子，代表他對於家的不安全感。

埋在沙子裡的女人，代表媽媽的無力與絕望。

持槍士兵圍著一個女人，代表他想用武力的方式去保護自己的媽媽。

這個三歲孩子的內心世界，充滿了坍塌、恐懼與不安全感。

他的媽媽，哭成了淚人兒：「都怪我不好，我對不起孩子。」

她和丈夫結婚以後，一直和公婆住在一起。她是個急性子，說話做事比較衝動，和公婆在一起自然摩擦不斷。生了兒子以後，她有些產後憂鬱，更加劇了情緒的波動，衝動起來她不管別人，什麼傷人就說什麼，公婆有時受不了，會說她幾句，她又不甘示弱的頂撞。

有一次她跟婆婆吵架，公公氣不過，給了她兩巴掌。她氣瘋了，當場把家裡電視給砸了，又和老公大打出手。那一次鬧得太大了，家人關係更加緊張，她的情緒更加惡劣，和老公的感情也處於破裂邊緣，兩個人吵架、打架幾乎成了家常便飯。

她有些領悟了：「我兒子在幼兒園打人，可能和我們大人打架有關。我沒想到他都記著，我以為他還小，什麼都不懂。」

然後她又說：「其實產後憂鬱的時候，我老公就勸我來看看心理，那個時候下不了決心，總想著能忍就忍吧，沒想到還是沒忍住，傷著了孩子。」

＊＊＊

當父母家人呈現給孩子的是暴力和衝突，孩子就學會以暴力的不友好的方式去與他人連結。

這次諮詢回去，這位媽媽和丈夫、公婆坦誠的溝通，一家人震驚之餘，各自反省，孩子媽媽和公公、婆婆互致歉意。為了孩子能夠健康成長，大家都表示以後彼此要更多體諒和謙讓，給孩子營建一個良好的家庭氛圍。

一段時間的諮詢之後，這個男孩有了明顯的變化，他逐漸學會用正常的友好的方式與其他小朋友相處。因為交到好朋友，性格也變得活潑開朗起來；因為家庭關係的融洽，他內在的安全感也增強了，不再像從前那樣只黏著媽媽一個人，媽媽不在家的時候，他也可以和其他人玩了。

不得不說，這個三歲孩子用自己的症狀，挽救了父母的婚姻，挽救了一個家庭。

再年幼的孩子，對父母和家庭的關係也是極其敏感的，父母千萬不要掉以輕心，以為小孩什麼都不懂，說話做事絲毫不顧及孩子的感受。

事實上，**孩子對母親情緒及周邊環境的覺察，可能從娘胎裡就開始了**。

＊＊＊

說到這裡跟大家分享一件真實的事情。

我一位多年老友，以前我們一起談心說悄悄話的時候，她總是很憂傷的跟我說：「我一直覺得，我媽媽是不想要我的。」

每次我問她有什麼具體表現，她又說不出來，她說她只是一直有這樣強烈的感覺。

結果有一回，她媽媽自己說漏嘴了：「跟妳爸爸結婚以後，我們關係很不好，我一直想要離婚，但那時候突然發現自己懷孕了，我用了很多方法想打掉腹中的胎兒，激烈運動、勒肚子、喝中藥，都沒有成功，最後肚子越來越大，實在沒辦法，只好把妳生下來。」

那個沒被打掉的胎兒，我的好友，原來她從小到大的感覺是真實的。媽媽想不想要我，我的出生會不會受歡迎，即使是胎兒也能感受到。

事實上，胎兒有自己的感知力和情緒，媽媽在孕期的情緒好壞很容易被胎兒感受到。研究表示，胎兒在妊娠五週起就能對刺激作出反應，八週就能用蹬腳、搖頭等動作來表達喜好或厭惡，從妊娠四個月開始，胎兒已偶爾會出現**記憶痕跡**[19]，而且這種能力會隨著胎齡增長而增強。

無論哪個年齡段的孩子，都很擅長捕捉家人的情緒，如果父母家人關係融洽，孩子首先會感受到，並因此獲得愉快安定的情緒。成長環境是否穩定，對孩子而言非常重要，那意味著他能否從中獲得掌控與滿足。

健康愉快的家庭氛圍，是孩子小小世界裡的一份安全保障和心理依靠，這份安全保障和心理依靠，將來能夠幫助孩子去面對和建立家庭之外的其他關係，這對孩子一生的幸福而言，無疑是極其珍貴的財富。

---

19 memory trace，由完形心理學者提出，人在經過學習活動之後，會讓大腦產生變化；當我們將事、物、人記錄於腦海當中，就會產生記憶痕跡。

治癒你

一個家庭的狀態，總是由孩子來呈現的。孩子是家庭情緒的捕捉器，無論大人怎麼掩飾、偽裝，都逃不過孩子的眼睛。

給孩子最好的愛，莫過於家人和睦，家庭氣氛輕鬆愉快。良好健康的家庭環境，對孩子的身心健康尤其重要。

「一個人」的症狀，往往是「一個家庭」的症狀

當著他們的面，他終於再一次摔倒了。

＊＊＊

有人問：「在妳的諮詢中，有沒有讓妳感覺挫敗無助的案例？」

有，當然有。

印象最深的一個個案，是之前在以神經內科而知名的醫院做諮詢時遇到的。

＊＊＊

一個十一歲的男孩，因突然不能行走被家人帶著四處求醫，最後到這家醫院住院治療，各種檢查之後診斷結果是：無任何器質性病變。

他的主治醫師建議他的家人帶孩子來做心理治療。

男孩是被他爸爸背著、哥哥一路護送著來到辦公室的，他被放到我對面的椅子上時，整個人軟綿綿的沒有力氣，就像一個大布袋堆下來了。

這孩子家在北京郊區，他爸爸衣著打扮、言談舉止很得體，像見過世面的樣子。一見我，這個爸爸難掩焦慮，連珠炮發問：「怎麼治療？聽說心理治療就是說話，說話就能把孩子治好？就

能讓孩子走路？」

他又強調說：「為了這孩子的病，我的生意也停了，成天就帶他到處看病了。」

爸爸說話的時候，那孩子往裡縮了縮，表情羞怯、柔弱。

爸爸和哥哥離開後，男孩明顯有些緊張，不時看看我，臉漲得通紅，問他幾個問題，他都很害羞、牴觸的樣子。

我想了想，問他：「你喜歡畫畫嗎？」

聽到畫畫他眼睛一亮，我把紙和彩筆放在他面前，他吃力的把整個上半身趴俯在桌面上，非常認真的畫起來。畫的中心是一家四口，上面有太陽，四周有花有草，畫面很溫馨。他說這就像他的家，媽媽做飯，一家人一起吃。我問他想媽媽嗎，他頻頻點頭。我說：「你畫畫很用心，上學的時候學習很認真吧？」

他又眼睛一亮：「是，每次考試我在班上都是第一名。」

我：「想回學校上課嗎？」

他：「想，做夢都想。」

第一次諮詢結束，他爸爸和哥哥又把他背回病房。

看到這一幕我很難過，到底是什麼原因讓一個什麼病都沒有的孩子走不了路呢？

隨著諮詢的進展，我們的諮訪關係建立得很好，男孩開始信任我，講了很多心裡話，也讓我拼湊起了事情的全貌。

他從小雖然生活在農村，但因為爸爸在外做點小生意，家境比一般孩子好很多。平時爸爸在外工作，一個月回一兩次家，家裡則由媽媽照顧他和哥哥。一家人的生活平靜安穩，那時的他活潑開朗，喜歡運動，成績在班上年年第一，那是他記憶中最快樂的日子。

半年前，爸爸生意走下坡路，想改行做別的生意，但都不太順利，他回家的次數增加了，家裡氣氛卻沒從前好了。爸爸、媽媽經常會爭吵，一吵架對他和哥哥就沒好臉色。哥哥性格大大咧咧，不往心裡去，他卻性格敏感、愛思慮，一聽爭吵聲就受不了，慣用的應對方式就是躲到自己的小房間床上戴耳機聽歌。

爸爸性格強勢、控制欲強，平時對小兒子最不放心，各方面都要教導他。從小到大他幾乎什麼都得聽爸爸的，導致這孩子性格懦弱，做什麼都不敢有自己的主見。他最怕爸爸發火，每當爸爸脾氣暴躁的時候，他會更驚慌失措，他跟我形容那種感覺是「胸口悶悶的，心跳很快」。

幾個月前的某一天，他突然毫無徵兆的摔倒了，而且自己站不起來，類似情況發生好幾次之後，家人開始做什麼都扶著他、背著他，還背他去上學，但在學校他也堅持不了太久，說自己渾身無力，只好回家去床上躺著……。

＊＊＊

其實在和他爸爸的交談中，我已明顯感覺到他的強勢，還有他一直很嚴重的焦慮：「我孩子行不行，他到底還能好起來嗎？」

我總是提醒他要注意調整自己的情緒，家長情緒不穩的話，孩子的情緒也容易不穩定。也要**學會適當放手，相信孩子有能力面對自己的生活**，別把孩子抓得太緊。每次他都唯唯諾諾笑著答應，說一定聽我的，配合治療。

每一次諮詢結束時孩子都會問我：「我還能走路嗎？」

每次我都堅定的告訴他：「能！」

但我擔憂的是，他從我這兒獲得的鼓勵和暗示，能否抵禦他爸爸的焦慮和質疑。

第四次諮詢的時候，爸爸沒來，是哥哥攙扶著他來的，看到他直立出現在門口，我太高興了。一見我，他就咧嘴笑，說這兩天身上像有了很多力氣，想著我說的話和讓他嘗試的方法，他慢慢的、大膽的下了地。

爸爸和哥哥對此也很驚訝，但爸爸還是不放心，要求無論到哪裡至少都要扶著他。

就是說，其實就算不扶他，他也完全可以走路。

那一次諮詢非常重要，幾乎讓我看到了謎底。

孩子告訴我：「爸爸不是因為我病了才停了生意，在我生病前，他就沒工作了。」

我一震，心想：**第一次見面時，爸爸為什麼說謊？為什麼要把自己生意的失敗歸因到兒子的症狀上**？

男孩說，在他出現數次摔倒不能走路的症狀前，情緒日益焦躁鬱悶的爸爸，和媽媽的關係已極度惡化。二人不停的吵鬧打架，最後媽媽實在受不了了，提出離婚，爸爸不同意，說她是不是外面有男人了，於是兩人又開始爭吵……。

他的症狀，就是在家裡硝煙四起的時候出現的。

我心裡已明白七八分：「你不能走路以後，爸爸媽媽還吵架、鬧離婚嗎？」

他說：「不吵了。我爸媽都忙著照顧我了。我給他們添了好多麻煩。」

諮詢快結束時有人敲門，他看看我，我假裝沒聽到，也不看他，結果他一下子站起來，走到門口把門打開。門外，站著他的爸爸、哥哥。

＊＊＊

和爸爸單獨交談時，他對我表示感謝，說真沒想到兒子可以下來走路了，但話鋒一轉他又說：「王老師，我還是不放心，這兩天我看他能走路了，又高興又怕他摔倒，一步不敢停在後面跟著他。今天我去醫院問醫生了，醫生也不敢確定他會不會再次摔倒……妳說這能管用多久？」

我說：「他本來就沒病，本來就可以正常行走啊，是你太擔心了，有時你們的過度反應會強化他的症狀。」

他一臉懵懂看著我：「我也希望他沒病呀，但是萬一他又摔倒了呢？」

我說：「這樣吧，下次諮詢你一個人來。」

他唯唯諾諾很配合的點頭。

我心裡卻有了莫名的擔憂。根據我對他的了解，他常常口頭答應快，行動上卻另有主見。

再一次諮詢，爸爸果然沒來，哥哥把弟弟半背半抱拖來的。

我問哥哥：「爸爸呢？」

哥哥說：「弟弟又走不了了，爸爸去聯繫別的醫院了。」

我心裡又是生氣，又是痛惜，又是懊惱。

我看著小男孩，他臉紅紅的不敢看我。

原來，他能走路這幾天，他爸爸的擔憂更多了，和哥哥兩人寸步不離跟在他身後，而且不停的問他：「你真的能走嗎？別又摔倒了呀？你的腿有沒有什麼感覺？」弄得他也開始懷疑自己。

當著他們的面，他終於再一次摔倒了。

＊＊＊

我能做什麼呢？

一個小時諮詢，和家人全天候的陪伴、影響相比，實在太微不足道。

很多人治療有效果了，一回家就打回原形。

只要這個家庭裡，有人需要這個人的症狀。

一個人的症狀，往往是整個家庭的症狀。

爸爸需要他的症狀，為自己失敗的生意找藉口。

家庭需要他的症狀，確保爸媽不會離婚。

他的症狀，會換來家庭的穩定和運轉。

一旦捕捉到父母潛意識的需要，孩子往往會用自己的症狀迎合、討好家人。

無條件的愛，孩子比父母更多。

沒有比孩子更忠誠、更愛家的了。

治癒你

有時在治療中，當孩子的症狀減輕，他的父母家人並不一定真的高興。因為這個家庭之前的運轉，可能是孩子用自己的症狀來維繫的。一旦孩子症狀好轉，這個家庭以往維持的平衡就被打破了。因此，有些父母難以承受和適應平衡被打破後的局面，潛意識裡會否定或破壞治療。

初戀最美？「蔡格尼克」效應搞的鬼

很多人對初戀念念不忘，
或許只是因為那是個未完成事件——得不到的永遠在騷動。

＊＊＊

Z剛來諮詢時呈現出兩種狀態：提起自己的遭遇時悲傷焦慮；罵起老公和另一個女人來則慷慨激昂。

原來，幾個月前她開始發現老公有些不對勁，回家越來越晚，到家懶得說話，上廁所都要拿著手機，對她和孩子不如從前關心了。而且在個人儀容儀表醒也有明顯變化，勤刮鬍子、勤抹臉油，穿衣著裝也講究起來。

Z憑女人的直覺知道有什麼不尋常的事情正在發生，經過數日跟蹤、調查，發現老公竟然出軌了。

急性子的她和老公攤牌，老公在鐵證面前只好承認了。

令Z憤憤不平的是，第三者是老公高中同學，細眉細眼、姿色平平，各方面都不如她。

Z說：「他要找個年輕漂亮能幹的我也能想通，找這麼個女的不是侮辱我嗎？」

老公跟她說：「那是我人生獨一無二的初戀啊！」

為了博取Z的理解和同情，那男人繪聲繪色的跟Z描述當年和女同學的各種小美好和小心動，Z都差點被感動了，但最後還是覺得憤怒：「這不能成為你背叛家庭的理由，何況你不看看她都老成啥樣了？」

男人憂傷的說：「她太苦了，我很想幫幫她！」

Z逼老公二選一，老公模棱兩可且不置可否，反要她給他時間去思考。

為了挽回老公，Z一哭二鬧三上吊什麼招數都使了，還跑到那女的公司大罵一番，跟電視劇裡演的一模一樣。

到最後她老公很鄙視她：「本來我還不想離婚的，但妳的所作所為讓我懷疑我們的婚姻可能一開始就是錯的……。」

身心俱疲的Z瞪著我：「妳告訴我，我該怎麼辦？」

確認她真的很愛老公、很想挽回他的決心之後，我說：「從今天開始，妳放手，往後退一步，不再管他，妳自己該幹嘛就幹嘛。」

她差點哭了：「我是要留住他的，妳要我放手？」

我說：「妳不怕失去他的時候，才有可能挽回他。」

Z歎口氣：「我還是不明白呀。不過我聽妳的，死馬當活馬醫，先不管他試試。」

最難熬的時候，支撐Z的就是諮詢。她不再躁動，情緒慢慢平穩下來，以生活中沒有這個男人的心態去面對工作和生活，從中獲得很多領悟。有一次她跟我感慨：「以前把老公拴得太緊了，其實我也很累……。」

神奇的是，當她不再窮追不捨、死纏爛打，老公竟然慢慢向她靠攏，話裡話外流露出想和好的意思，有一天更明確跟她表示，他愛的還是她，以後一家人一起好好過日子。

Z當時壓住心中的狂喜，醋溜溜的問：「你那個初戀的女同學呢？」

那男人連連搖頭：「別提了，這人哪，不接觸真不知道，她和我想像的太不一樣了……。」

儘管老公回歸了家庭，Z情緒低落的時候到底意難平：打死也想不通，之前老公為什麼像著了魔一樣，迷戀那麼個平庸的女人？

德國心理學家蔡格尼克（Zeigarnik）曾做過一個有關記憶的實驗。她找來幾十名志願者，讓志願者們在固定的時間裡隨機做二十二件簡單的事情，比如數數、默寫一首詩、串珠子等。由於規定的時間很短，志願者們無法完成全部任務，有很多人甚至連一半任務都沒有完成。

蔡格尼克請志願者們回憶之前被安排做了些什麼事情，回饋結果表明：對於沒有完成的工作，志願者可以回憶其中的六八％；對於已經完成的工作，志願者只能回憶起四三％。

蔡格尼克由此得出結論：**相對已處理完的事情，人們對於尚未處理完的事情印象更加深刻**。

這就是著名的**蔡格尼克記憶效應**，又稱為契可尼效應（zeigarnik effect），指人們天生具有辦事有始有終的驅動力，人之所以會忘記已完成的工作，是因為想要完成的動機已經獲得滿足；反之，如果工作尚未完成，這同一動機會使人對此留下深刻的印象。

很多人和Z的老公一樣，早年的暗戀或初戀夭折了，沒有一個圓滿的結果，沒有結果的暗戀或初戀因此就成了「未完成事件」，成為一個人心底的一個遺憾。這個遺憾留存久矣，最終演變成內心深處一場暗地裡的騷動。

＊＊＊

無論男女，很多人心裡都有揮之不去的初戀情結。如果和初戀沒有修成正果，之後再找尋戀人的時候，很多人往往會找和初戀長相或有某些特徵相似之人，或者在多年後重逢初戀時很容易舊情復燃。

如果發現初戀日子過得好還行，若發現初戀過得不太如意，另一個人（大多是男人）往往拋妻棄子也要衝上去保護、照顧對方，最後非要圓了這個夢才行。

一些人跟我說無比痛恨配偶或戀人參加什麼同學會，因為他們知道，同學會遇到初戀、暗戀者的機會太多了，令人防不勝防。

現實生活中，那些如願離婚、娶了初戀的人，真正幸福的其實不多。

初戀時，彼此都是霧裡看花，看到的都是對方的美好，不容易看到對方的缺點，也沒有能力鑑別那種情愫是真愛還是喜歡。兩個人分開後，多年回憶裡留下來的全是美好，甚至會在想像中誇大對方的美好。

待到哪天有機會和初戀再續前緣，在現實的共同生活中往往才逐漸發現，對方根本不是自己想像中的那個人。兩個人的結合不但不美好，還令人失望透頂……為了重圓初戀夢，付出拋棄家庭事業的代價實在太大了。

＊＊＊

有個各方面條件都很好的女性上班族來做諮詢，她談了很多次戀愛，最後都以分手告終，這令她和周圍的人都倍感困擾。

跟她交談之後，我發現，她之所以屢戀屢敗，是因為在潛意識裡，她會把每一個交往的男朋友與之前的初戀男友在心裡暗作比較，比過來比過去，竟然誰也無法讓她滿意。

我問她，初戀男友真的那麼好，好到無人可以超越嗎？她肯定的點頭，並反覆深情的回憶當年的一切，聽來聽去我都被感動了。

有一次我忍不住問她：「妳說初戀男友好像也沒有戀愛、結婚？」

她彷彿讀懂了我的潛臺詞：「是的，但我是不會先找他的。他要是心裡有我，就應該先來找我才對。」

世間事果然是「念念不忘，必有迴響」[20]，在一次同事攛掇的飯局上，她和初戀男友竟然在那個場合重逢了。

吃完飯，他邀她一起散步，最後跟她告白，說這些年一直忘不了她，希望彼此還能在一起。

聽到這裡我正暗自為她高興，她停頓了一下，平靜的說：「妳知道嗎？我拒絕他了！」

她說：「看到他的第一眼，我就放下了。好奇怪啊，我突然發現他和我想念的不是同一個人，我怎麼會一直愛這個人？他根本沒有我記憶中那麼高大帥氣，妳知道嗎？他現在竟然還有些禿頂，說是工作壓力太大了……。」

說到禿頂，她撲哧一聲笑了：「那天晚上我捫心自問，為什麼過去這些年一直都忘不了他？

後來我終於想明白了，讓我懷念的不過是那時候青春年少的感覺，那時候單純快樂的自己，和想像中完美的那個他。」

治癒你

相對已處理完成的事情，人們對於尚未處理完成的事情印象更加深刻，這就是著名的蔡格尼克記憶效應。

這一點在親密關係中比較明顯。男女愛情若沒有一個圓滿的結果，就會成為「未完成事件」，成為一個心底的遺憾與惦念。遇到合適的機會，往往容易舊情復發，但真正靠近的時候，可能會發現對方並非自己想像的那個樣子，失落而歸。

---

20 出處為民國學者李叔同《晚晴集》，而後出現於王家衛電影《一代宗師》。

沒有辦法的選擇，就叫「生活」

她的沙盤讓我感受到的，
是缺少滋養，是空洞乏味，是了無生趣……，
是恨不得直接跳過應該去慢慢經歷的人生之種種，
是不耐煩活下去。

＊＊＊

十七歲升高二的她，最初來諮詢的原因是厭學，具體表現是一進校園就心慌發慌，坐在教室裡更慌，無法集中精神聽課，哪怕是自己曾經喜歡的課。

她的學習成績因此波動很大，而過去她的成績排名一直穩居班級前三。

她自尊心很強，排名一低就失落沮喪，就牴觸去學校，害怕被同學和老師笑話，結果心裡越怕越去不了。她開始不停的以各種理由請假，以此來逃避上學。

即便不去學校，坐在家裡她心裡也很慌，她非常清楚不去上課的後果是什麼，會導致學習進度越來越跟不上，越跟不上成績越差。

所以她每次來諮詢都要不斷催問：「老師，我到底怎麼了？我怎樣才能專心上課？只要上課能聽進去，我的成績絕對能回到前三名。」

她的催問加上她語速快到驚人的說話方式，每每令我有透不過氣的感覺。說話飛快像打機關槍的人，很容易把身邊人的情緒都裹捲進去。我用了很多方法想幫她先放鬆一下，但效果都不太好。

有一次幫她做呼吸放鬆訓練，結果我都快把自己給催眠了，卻突然發現，她竟然半睜著眼睛在暗自偷笑呢。

我忍不住，也笑了，最後我和她一起笑了起來。

不容易被催眠被暗示的人，內裡往往防禦得很厲害。

有一次諮詢時，她主動提出想擺沙盤。

她擺沙盤的動作也是飛快的，不到十分鐘就結束了。

我和她一起去看沙盤，她的沙盤擺放很簡單：滿滿一盤沙子中挖出一小窪藍色，那代表的是水；沙盤正中一幢三角形不規則的小房子，房子外面的左側擺了一對穿著新婚盛裝的青年男女，房子右側則擺放了一對戴著老花眼鏡、坐在長沙發上的老年夫婦。

我請她談談對自己沙盤的感受。

她說：「這不是很明顯嗎？就是一個女孩子她長大了結婚了，然後她又老了。」

我：「還有嗎？」

她：「沒有了。」

我：「我注意到她結婚了，但沒有孩子。」

她：「不要孩子，最討厭孩子了。」

她的沙盤讓我感受到的，是缺少滋養，是空洞乏味，是了無生趣。

是恨不得直接跳過應該去慢慢經歷的人生之種種，是不耐煩活下去。

我看著那個沙盤，腦子裡閃過一個念頭：接下來就該死掉了？

＊＊＊

多年前那個平常的早晨，起床後她感覺哪裡不對勁，但又說不出來。

直到梳頭時，手指碰觸到一塊光滑柔軟的頭皮，她突然發現，那一處頭髮一夜之間竟然全禿了，留下一個一元硬幣大小的圓圈，民間俗稱的鬼剃頭。

儘管頭髮很快就長出來了，但多年後她依然記得當時心裡的驚懼。那是她人生狀態最不好的時候，不停的加班應酬、出差，就像轉動的陀螺永遠停不下來。工作拚命是一大壓力，複雜的人際關係又是另一種壓力。身心時時處於焦灼疲憊中，所付出與所收穫的遠遠不成正比。

某天上班路過一座公園，裡面傳出的歡歌笑語吸引了她的注意。隔著車窗玻璃，她看到一群中老年人正在裡面唱歌跳舞，當時她心念一動：什麼時候我也可以像他們那樣該有多好，什麼事都不用做，天天去公園唱歌跳舞，就過簡簡單單的生活……。

一想到自己在人生最豐盛、最美好的年紀，竟然如此渴望退休，如此渴望老去，她不由得淚如雨下。

鬼剃頭是身體給予她的第一個警告，之後的警告越來越多：失眠、頭暈、胸悶、暴躁，各種壓力她自己無法消化，把這些全部帶回了家，傾倒給無辜的家人，結果生活、工作一團糟。

外人眼裡只看得到光鮮熱鬧的表象，唯有身處其中的人知道，內裡在怎樣靜悄悄的崩掉。

＊＊＊

重度憂鬱的他每次來諮詢都癱坐在沙發上。

癱到像一團鬆軟的布袋，有時會讓我有把布袋拎起來拍打一番的衝動。

他是事業成功的中年男士，卻在最成功的時候倒下了，且倒下得如此澈底，以至每次來都是司機或祕書把他扶送到諮詢室門口，然後又去樓下等待。

他又生怕被人認出來，進了諮詢室才摘掉墨鏡。

據他自己講述，他的憂鬱是某一天早上突然發作的，那天早晨他感覺起床很困難，感覺一切都沒有意義。他的公司，他的財富，他身邊的人，都讓他開始厭倦，而這一切曾是他打拚奮鬥多年的心血與驕傲。

「我已經看到人生的盡頭，未來會怎樣一目了然，就算再輝煌、再成功，又有什麼意義呢？」

我說：「聽上去你想說的是，既然夜晚和黑暗遲早要來，就沒有必要迎接黎明和太陽了；既然衰老和死亡遲早要來，就沒有必要經歷生活的各種過程了。」

「我就說一件事，妳就能理解我的心情了。我現在的身體，既是心臟病又是高血糖，醫生要我忌口的東西很多，按醫生的食譜，我一個月花幾百塊錢就夠了，早知如此，當初何必要拚命工作呢？」

我表示理解：「嗯，我要是你，心裡也會不平衡。似乎過去想要的太多了，真的要到了，又沒有力氣去享受。」

他不由得笑起來：「對對對，就是這樣。」

後來的他變化很大，他開始去做一些過去忙碌時沒有時間做的事情，那些他曾經忽略掉的很多生活細節和人生樂趣，又開始重新去補足。這一補足，身體和心情大不一樣。

他說過一句意味深長的話：「過去我總是追求有用的、有利益的東西，沒想到真正讓我感覺到快樂的，卻是一些看上去無用又簡單的事情。」

＊＊＊

很多時候人們喜歡說某人突然垮掉了，其實一點都不突然，那是曾經活得太過用力的必然結果。用力過猛，透支身體和靈魂，積壓的各種情緒還會影響孩子和家人。

那個十七歲女生的父母，就是特別容易焦慮緊張的人，孩子承接了父母的情緒，如實呈現了家庭的狀態：太累了，活夠了。

人人都在喊中年危機，在我看來，所謂的中年危機，只是解決不了得與失的問題，該放下的不但沒放下，想要的反而更多。

有時放不下，是自己捨不得放下。

有時放不下，是身邊人不允許你放下。

扮演林黛玉的中國演員陳曉旭，得了乳腺癌後拒絕治療，她不顧親人朋友的反對，堅持要去一座寺廟度過人生最後一個階段。

和很多喜歡她的人一樣，當時我對她的選擇異常震驚，感覺非常可惜。她還那麼年輕，還不到五十歲，經商多年已擁有上億資產，在全世界選擇最頂尖、最昂貴的治療絲毫不是問題。

而且，大家都說：「乳腺癌治療以後，還可以多活好多年啊」，能夠活下去難道不好嗎？為何要如此堅定的拒絕治療呢？

這個疑問埋藏於心好多年，直到有一天偶然讀到陳曉旭寫的一篇文章，裡面有這麼一段文字：「我希望生活盡快過去，像流水一樣，然後進入一種特別平靜的狀態，看書寫作，親近自然。我希望現在就過老年人的生活，希望過我爸媽那樣的生活」。

石破天驚啊，不知道別人看到這段話會作何感想。我看到這段文字的時候，突然理解面對疾病她為何要放棄治療，一個美麗成功的中年女子在人生最風光時竟然萌生這樣的念頭，這背後該有多少的無奈與痛楚。

倘若了解陳曉旭豐富曲折的人生經歷，其實就不難理解她。已經打拚得很辛苦、很疲憊的她，**沒有辦法選擇停下來**，**沒有辦法去過自己真正想要的生活**，只能寄希望於年華快快老去。

老了，就什麼都不用做了，也不用承擔什麼責任了。

這場疾病，滿足了她內心潛在的期待。她的放棄治療，其實是拒絕再活下去。或許她真的活累了，活夠了。

我曾經去過兩次麗江，除了奔納西古樂（按：風俗性安魂樂曲）傳人宣科而去，更主要的是喜歡那個地方，那裡有著世外桃源般的無所事事和懶洋洋。

流傳在麗江的一個段子（按：中國北方可一次表演完的節目）最能說明某種散淡的智慧。

一個老太太天天坐在自家門前晒太陽，一位租住在她家的外國男人實在看不下去了，有一天忍不住去問她：「你們為什麼總在晒太陽？為什麼不去做事，去努力工作呢？」

老太太對他說：「我們所有人從娘胎裡出來就在朝著同一個方向走，早晚都要到那個地方去的，何必走那麼快呢？」

治癒你

生活中，你會看到很多人做事都很急、很慌，總是停不下來。

許多時候，我們要麼活在過去，要麼擔心未來，唯獨不能活在當下，也不能享受悠閒時光。如果每天不做點什麼，自己就好像沒有價值和存在感了，這背後，其實是無法排解的焦慮與恐懼。

所謂長大，就是真實的自我逐漸模糊

「妳是第一個敢衝我拍桌子的人，
謝謝妳，把我拍醒了。」

＊＊＊

自從上了《奇葩大會》[21]，Ting 的名氣大了不少。

一位做玉石生意的老闆送了他一塊價值一到兩萬元的翡翠掛件。老闆的訴求只有一個：「Ting，請你戳穿我。」

Ting 心想：好的，這塊翡翠的價值大約夠戳你十次了。

可能有人會問，為什麼還有人主動要求被「戳」呢？

Ting 的理解是：每個人在進入社會之後，都會學習各種工作模式和生存技巧，但在每個技能背後，都會有某種「非我」的因素在滲入。久而久之，自我就逐漸變得「非我」了，像一面鏡

21 由中國愛奇藝出品、米未製作的觀點及經歷分享類綜藝節目。Ting 為節目來賓丁銳，因開了死亡體驗館而引起熱烈討論。

子被蒙了許多塵垢，看起來非常模糊。這個時候，就需要「戳」幾個洞，讓裡面的「我」出來透一透氣。

按照佛洛伊德他老人家的理論，嬰兒心念單純、恣意妄為，我們可以把他的意識稱為「本我」，但當他逐漸長大，需要與社會建立起越來越深的合作關係時，就需要約束和雕刻自己的欲望表達，進而形成了社會化的「自我」。

「自我」是社會影響和自我認知相互結合的結果，一個是外部作用力，一個是內部作用力，達成平衡者才會淡定從容。有很多人喪失了後者，**把重心全部放在了外部評定上，因而總是焦慮難安**。也有些人不顧前者，一**味強調所謂的自我意志，所以很容易沮喪、憂鬱**。

Ting 遇到的那個老闆，就正處於自我意志被蒙蔽的狀態，他覺得自己不對勁，但又不知道到底是哪裡出了問題。

以 Ting 的辛辣犀利，那個老闆必定會被戳得痛並快樂著，絕對值了那塊翡翠的價錢。

為什麼要說痛並快樂著呢？

以我個人的親身體會，很多時候被人洞悉戳穿（有專業功力的點準穴位，而非妄加揣測惡意攻擊）之後，儘管會帶來難堪、痛楚、惱怒、羞愧等情緒，但是心裡還是會很爽。

世上還有什麼比了解真實的自己更痛快的事呢？

當然，輕易戳穿別人並不適用於正規的諮詢中，有時候諮詢師即便看到來訪者問題之所在，在時機未到的時候，也不能輕易去點破。

一位好的諮詢師，既要有洞察來訪者癥結的能力，也要有幫助來訪者療癒的能力。把對方批得體無完膚、揭開對方的傷疤之後，卻不知如何治療甚至棄之不顧的諮詢師，是不負責任的，很容易給來訪者帶來二次創傷。

＊＊＊

我的一位來訪者也是個老闆，比較成功的那種。

每次他來諮詢，都要讓司機把車遠遠的停在其他地方，他再徒步走過來。由於太胖的緣故，每次走到諮詢室他都氣喘吁吁，累到不行。

有一次我忍不住問他：「幹嘛不讓司機把車開過來，直接停樓下呢？」

他吃驚的瞪大眼：「我怎麼能讓員工知道我有問題，在做心理諮詢呢？」

我：「你不說，員工怎麼知道呢？」

他：「萬一司機心眼多，悄悄跟蹤我呢？」

「哦。」

找我諮詢之前，他已經換了好幾位諮詢師。

第一次見面，我自然要問他為何不停的更換諮詢師，他回答：「我覺得他們都不行，都治不了我。」

我跟他探討這個問題，他對此延伸的表述是，那些諮詢師們，沒有一個人能把他的問題說到點上，沒有哪一句話能在諮詢中觸動到他，這令他很失望，所以頻繁的換人。

他來諮詢的原因：越來越討厭和人打交道，人際交往中有時會感覺緊張，平時在公司講話發言或要召開工作會議時有畏懼情緒，不想面對很多事情；拖延的想法特別嚴重，凡事能拖則拖，已嚴重影響了工作和生活。

他對我的期待是：「王老師，妳一定要好好深挖我的問題根源，最好能狠狠的說我，說得越狠越好。」

我很好奇他為何有這樣的要求。

他說：「我知道自己的問題很多，又很難改變，如果妳說得不痛不癢的，根本觸及不到我的靈魂。」

我遇到的來訪者中，不乏有人像他這樣，希望諮詢師能毫不客氣並且毫不留情的痛批自己，話說得越狠越好，其潛在的意思是：**必須得讓我痛，痛了我才能改**。

進入諮詢之後，我終於明白他所謂的「別的諮詢師都不行」是怎麼回事了。

除了在第一次諮詢中，他簡單的講述了自己的症狀和訴求，此後的每一次諮詢，他幾乎都不願說話。每次一進諮詢室，他就先把身體深深的陷進沙發裡，眼神渙散，一副了無生氣、心不在焉的樣子。

我試圖去理解和接納他的這個狀態，然而沉默、同理、引導……，統統都沒有用，他就是很難進入諮詢中。

不僅如此，他還很不遵守諮詢規定。儘管第一次見面就跟他強調了諮詢中不能用手機，他還是時不時抓起手機看看，甚至突然接起電話。

我跟他討論這件事，他顯得很無奈，說自己是總經理，公司裡有些緊急的事情只能由他親自處理，請我務必理解他。

雖然在諮詢中他幾乎不想說話，表現被動、阻抗，甚至有些敵意，但並不妨礙他每次都要問我：「妳覺得我是什麼問題？妳有什麼好的建議嗎？」

我說：「我想更了解你，但你好像還沒有準備好。」

他搖頭歎氣表示失望。

我終於明白他理想中的諮詢師是什麼樣的了。

我什麼都不說，就是要讓你猜，猜對了算你有本事，猜不對就是你無能——這個嬰兒般的需求，再高明的諮詢師也滿足不了。

＊＊＊

再一次來的時候，他依然癱坐在沙發上，朝天花板翻了翻眼，沉浸在自己的世界裡，我問一句答一句（或不答），不問則決不開口。一陣又一陣的無力感中，我突然覺察到，在和他的諮詢中一直是我在用力（這力用得如此可笑），於是我決定停止詢問，放鬆下來並保持沉默。

屋子裡一片靜寂，他顯然不太習慣，有些疑惑的看著我，我還是沉默。他有些慌了，主動說起話來，剛開了個頭，手機狂響起來，他下意識一把抓起手機，跟對方說自己正忙著，便匆匆掛了電話，然後向我道歉。

看著他有些無辜的眼神，我有些心軟，再一次容忍了他對規定的輕視。然而，他並未就此收斂，又開始了心不在焉的狀態，一會兒看看天花板，瞧瞧房間四周，不時衝我笑一下；一會兒又低頭擺弄手機，似乎完全忘記了自己是來做什麼的。

我心底的火不由得騰騰升起，對著桌子猛擊了一巴掌。

這一巴掌如此脆響而突然，把神遊中的他嚇了一大跳：「怎、怎麼了？」

我直呼他的名字：「某某某，你在哪裡？」

他不解的看著我。

我：「你在哪裡？」

他：「我？我在這裡啊。」

我：「你不在這裡……告訴我，你在哪裡？」

他有點震驚，說不出話來。

我看看他：「今天的諮詢就到這裡吧。」

＊＊＊

臨走時他神色茫然、略帶驚慌而手足無措，讓我有些內疚，我開始反省自己拍一巴掌的行為是否有些反應失當。

我想他可能不會再來了。

奇怪的事情發生了，他不但又來了，而且態度較之前大不一樣。諮詢中他開始主動談論自己，並嚴格遵守規定，每次諮詢前手機都交由助理保管（怕自己控制不住），不再帶進諮詢室。他的評估診斷：社交恐懼症加中度憂鬱。

在一次諮詢中他對我說：「其實在過去的很長一段時間裡，我在其他人面前就是這個樣子，因此得罪了很多人，甚至影響了公司的生意。別人都以為我很傲慢，目中無人，其實我很緊張、很害怕，想透過這樣的方式來保持和別人的距離……。妳是第一個敢衝我拍桌子的人，謝謝妳，把我拍醒了。」

治癒你

沒有什麼比了解真實的自己更痛快的事情了。

每個人在長大成人的過程中，都會形成自己的生存之道和防禦方式，時間久了，真實的自我逐漸變得模糊，就像鏡子蒙了塵垢，這時候，就需要戳幾個洞，讓真實的自我出來透透氣。了解自己的過程，是一個痛並快樂的過程。

只能在想像中愛你

有時我們愛的，只是想像中的那個人。

＊＊＊

在長程個案的諮詢中，總能親眼看到一個人、一對夫妻、一個家庭的變化。

一個曾經離開丈夫就活不下去、哭哭啼啼、擔憂驚懼的女子，最終成長為擁有自己事業、獨立有主見的女人。

一段瀕臨決裂的婚姻，經過痛苦的掙扎與蛻變，夫妻雙方重新認識了自己和配偶，重新揚起風帆，開啟愛的旅程。

一個眼看就要支離破碎的家庭，經過家庭成員各自的調整與磨合，重新開始新的生活。

作為諮詢師，一路陪伴、見證，默默為他們開心、祝福。

＊＊＊

他和妻子決定來諮詢，是雙方都感覺這段婚姻已難以為繼。

他的神情很憂傷：「我的婚姻比坐牢還可怕，這些年我有無數次想掐死她，然後自殺的念頭，但最終還是放棄了。」

我好奇是什麼原因讓他放棄了。

他說：「後來我信佛教，想從宗教中去尋求解脫。每當我的妻子河東獅吼撲上來撕扯或把我逼到牆角的時候，我就想這是佛在借她來度化我，是在給我修行的機會，所以我都忍了……。但後來我發現，靠我單方面的忍耐根本解決不了問題，她好像越來越瘋狂了。」

那麼妻子呢？

那個丈夫口中的河東獅分明是個柔弱美麗的人兒，面對著我淚水漣漣：「我的委屈、痛苦有誰知……。」

她和老公相識於網路，彼時他在深圳，她在北京，網上聊天一段時間後兩人決定見面。他飛來北京見她，初次見面彼此都有觸電的感覺，認為對方就是自己想像中另一半的模樣，典型的一見鍾情。

第一次見面，他們就確定了戀愛關係。一年後兩人結婚。

她很愛他，她眼裡的他特別優秀，事業成功、收入不菲。因為心疼她，婚後他勸她辭職：「妳賺的那份工資還不如我一天的收入，反正我們也準備要生孩子，妳就別工作了。」

女兒出生後，為了照顧家庭，他決定調回北京工作。他主外、她主內，他每月給她豐厚的家用，她負責打理家中一切，日子平淡安穩的過著。直到有一天，她在他衣服口袋裡發現了兩張電影票。

她很緊張，馬上產生許多不好的聯想。百般盤問之下，他承認和一位女同事去看電影了，但除此之外什麼也沒發生，且表態以後決不再犯。

他沒想到，婚姻的裂痕竟由此展開。他自認沒什麼大不了的行為，觸碰到了妻子的底線。

她是極度缺乏安全感的人，尤其對丈夫的言行特別在意。

電影票事件之後，她對他的監管控制越來越多。回家晚了、應酬了、出差了，所有行蹤都要向她彙報，有時她心生疑竇，還會要求他立刻拍照片給她，以示證明。

起初他還強忍不快去配合她，到後來越發不滿與反感，兩人衝突越來越多，吵架打罵漸成家常便飯。夫妻之間一旦撕破臉，容易不顧一切的失去底線。

他終於提出離婚，她像被打入了地獄。

她不工作，完全依靠丈夫的收入，心理上本就脆弱自卑，不堪一擊。婚還沒離，她已失控，軟硬兼施想要保住婚姻，結果她越想去抓，他跑得越快，以至到了厭煩她的程度。

他說：「沒有第三者，沒有出軌，就是不想過下去了。」

她說：「我如此愛你，為你生兒育女，你卻狼心狗肺、拋妻棄子。」

他冷笑：「妳愛我？我覺得妳從來就沒愛過我。」

這話讓她傷心欲絕：「他總說我不愛他，難道過去的一切都是假的嗎？我付出的一切如果不是愛，那到底什麼是愛，妳能告訴我嗎？」

我說：「每個人對愛的定義都不一樣。」

她再三追問：「那老師妳認為呢？」

我沒有直接回答：「問問妳的身體，願意親近他嗎？」

她渾身一顫，衝口而出：「不願意。妳是指性生活嗎，哎呀噁心死了……妳為什麼要問這個問題？」

我說：「上回我注意到，他想坐得離妳近一點，妳馬上躲開了。」

她張大嘴回想了一下，突然笑起來。

她承認，除了戀愛期間有激情之外，其他時候她的確是很排斥跟他親密的。

戀愛時兩地分居，這個問題尚不明顯，等到婚後他回北京，兩個人生活在一起，這個問題就比較明顯了。

她越來越想躲避他，每次夫妻性生活她都強忍著噁心厭煩的感覺，只求快快敷衍結束。女兒的出生是個很好的藉口，她以照料女兒的名義和丈夫分房而居，屢屢以身體疲累為由拒絕與丈夫有性生活。

這個看似因信任危機而引發的婚姻衝突裡，其實早已隱藏了暗流巨礁。

＊＊＊

那次諮詢結束後，她自以為找到了婚姻出問題的根源，興沖沖回家，親手烹製了一桌美食，跟老公大獻了一番殷勤。

當晚，把孩子哄睡後，她跑到老公房裡，溫柔體貼各種暗示，他板著臉不為所動。她主動去擁抱他，竟被他義正詞嚴一把推開，用她的話說：「當時他的眼睛裡全是嫌棄」。

她氣惱的看著我：「不怕妳笑話，我差點穿上了性感內衣，幸好沒有，不然太丟人了。我這麼主動，他竟然拒絕我，看來是真不想跟我過了。」

我說：「如果妳是他，妻子突然有這個舉動，你會怎麼想？」

她很認真的思索半晌：「如果我是他，可能會覺得這樣做很假吧。」

說完她笑起來。我忍不住也笑了。

她一度很憂鬱，對未來充滿恐懼，對老公充滿怨恨，她懷念起自己的初戀，有些後悔和初戀男友分手，她把初戀男友形容得特別完美，有一次我忍不住問她：「既然他那麼好，當初為何分手呢？」

她認真回憶起當年的情境。

這個過程中我有了一個發現，她和初戀男友從相識相愛到分手，整個過程幾乎是她和老公關係過程的翻版。也就是說，她對初戀男友同樣的逃避，同樣的懷疑、控制、爭吵，對方同樣忍無可忍提出分手。

她眼睛一亮：「我初戀男友也說過我根本不愛他。」

這個發現令她沮喪：「老師，我仔細思考過，他們說的也許是真的，我可能誰都不愛，也不知道什麼是愛。如果離得遠一些，比如以前兩地分居的時候，我會瘋狂的想念對方，恨不得馬上見到他；可一旦見面、靠近的時候，我就會緊張、害怕，就想逃避。」

這樣的情形在生活中其實很常見。

現實中有很多人像她那樣，**很難與人建立親密關係**。每當喜歡上一個人，明明心裡愛得要死要活，外表偏顯得冷漠疏離。有時甚至越是**喜歡一個人，越是要跟他保持距離，刻意逃避**。而對那些自己不太在意、不太喜歡的人，反而能去親近，甚至可以和對方開開玩笑、打打鬧鬧。

有時我們愛的，只是想像中的那個人。

她回憶起小時候自己和父母的關係。

她爸爸是船員，一年大部分時間在海上工作，只有休假才可以回家，平時家中只有她和媽媽，媽媽也很忙，總是顧不上她。

因為孤獨，一個人的時候，她喜歡無窮無盡的想像，想像著一家三口在一起的其樂融融，想像爸媽都愛她、寵她，給她買好多漂亮衣服和玩具。她想念爸爸，因為遙不可及的距離，爸爸在她的想像中顯得特別偉岸、特別完美。

等爸爸回陸地休假的時候，她反而怯生生的不敢靠近，總覺得眼前這個男人好陌生。爸爸性格內向，不輕易表露情感，雖然也會給她捎一些新奇的玩具衣物，但他們之間總是親近不起來。

在她小的時候，爸爸每次回家，總是會主動伸手想抱她。她因為生疏而害怕，拚命掙扎著拒絕，然後躲到一邊，偷偷看爸爸，等彼此熟悉到終於可以親近時，又到了爸爸要離家的時候。

等她的年齡再大一些，爸爸不再像從前那樣對她表現親暱，她心裡反而若有所失。

後來爸爸工作調動，一家人終於團聚在一起，她反而很不習慣。尤其當爸爸媽媽發生衝突或爭吵的時候，她都覺得很失望，覺得爸爸是多餘的人，打破了自己和媽媽的平靜生活。

她更喜歡那個想像中的爸爸，不喜歡現實中的爸爸。

青春期的時候，她曾經很想親近爸爸。有件事她記憶深刻，高二的一次期末考試，她考得很好，特別高興，當天回家跟父母彙報，全家都很開心。興奮之際，她想要主動擁抱一下爸爸，結果被他一把推開：「別鬧，女孩子家的，沒規矩。」

她當即僵住，有冷水澆頭的感覺。

爸爸的拒絕，讓她感覺到自己不被喜歡，感覺到這樣的親密是不好的，甚至是很羞恥的。

＊＊＊

一個人在兩性關係中的表現，往往和早年與父母的關係模式有關。

早年與父母關係中體會到的那些冷漠、拒絕、不被愛和重視，對孩子而言，無疑是一種挫敗與傷害。這份挫敗會令孩子在和其他人建立親密關係的時候心存恐懼，害怕自己不夠好，不被人喜歡，害怕重演早年的情感模式。

逃避和隔離，是典型的自我保護。

所以我們經常看到，有些人談戀愛很難定性，總是在不停的分手，然後再找下一個，然後再分手。每一段關係都難以長久維繫。

一個人平時再怎麼防禦、隔離，在戀愛關係中也難免要坦露真實的自我。一旦要呈現真實的自我，往往會帶來許多恐懼，恐懼對方如果看到真實的自己，會不喜歡甚至嫌棄自己。

這種情結還會在關係的互動中投射到對方身上，很多人一旦發現對方不是自己想像中的樣子，馬上就覺得對方不好了，會提出分手，然後把這份對對方的苛求歸結為是自己太追求完美。

其實這背後是當事人自己無法接受自己的瑕疵與不完美。

一個不能接受自己的人，也不能接受別人的瑕疵與不完美。

經過幾個月的諮詢，她和老公決定繼續走下去：把親密關係中的問題當作一場修行，重新戀愛，重新了解自己和對方，重新去磨合。

治癒你

呈現在親密關係中的狀態，往往與我們幼年與父母相處模式有關。早年感受到父母的冷漠、忽略、打罵，是一種挫敗與傷害，會讓孩子在長大成人後與他人建立親密關係時心懷恐懼與戒備，害怕自己不值得被愛，害怕早年的傷害重演。很多人會用逃避和隔離來保護自己。

人生第一個三角關係，就是家庭

我女兒不想談戀愛……，

父母生病，孩子吃藥。

＊＊＊

氣質雍容華貴，穿著精緻得體，眼神裡透著精明，這樣一位中年女性，她會因何而來呢？

一坐下她就開門見山：「我最近很煩，很擔心一件事情，我女兒好像不太願意談戀愛呢。」

問她女兒多大了，她說十六歲。

我很好奇：「她才十六歲，這個擔心是否太早了？」

她說：「我知道妳一定覺得奇怪，別的家長都害怕孩子太早談戀愛，為什麼我會擔心女兒不願意談戀愛。」

原來，剛升高一的女兒最近頻頻表現出對男生的反感，回家告訴家人誰誰談戀愛時，流露出對女生的鄙視，認為那些女生為了一個男生要死要活特別讓人看不起，還再三跟家人強調：「我是不會談戀愛的，我對男生一點興趣也沒有。」

當媽的開玩笑：「等妳再長大一點就喜歡男生了，以後妳會戀愛，會結婚，將來我還等著抱孫子呢。」

聞此言，女兒反應激烈：「別跟我說這種話，好噁心。」當媽的嚇一跳，心裡暗自犯起了嘀咕，因為早在幾年前，她就有些隱隱的不安了。這個不安來自女兒的打扮，女兒長相清秀，卻不喜歡留長髮、不喜歡漂亮衣服、不喜歡化妝品。一句話，別的女孩子喜歡的東西她都不喜歡。

她說：「這孩子，不會是同性戀吧？」

在她的描述裡，她的家庭很幸福和睦。她是家中獨生女，為了方便彼此照應，婚後她和父母住在同一個社區。她和父母、老公、女兒的關係都很好，父母身體健康，老公寬厚善良，女兒聽話懂事，一家人生活舒適優渥，幾乎沒有什麼衝突，她實在想不通女兒的表現是哪裡出了問題。

很多時候，來訪者因為某個困惑而來，但對於困惑的源頭卻毫無察覺，這時候，往往需要一些輔助工具來說明諮詢，比如沙盤、繪畫、房樹人等。

我遞給她一張白紙，一支筆，請她寫下她生命中最重要的五樣東西，可以是人，也可以是其他事物。

她幾乎未加思索，直接揮筆寫出了前四個，準備寫第五個的時候她有些猶豫，抬頭看著我：「王老師，可以同時寫兩個嗎？我家有一隻貓，有一條狗，牠們對我都很重要。」

我點頭同意，她如釋重負，寫好後遞給了我。

我接過來一看，她寫下的順序依次是：女兒、父親、母親、我自己、胖胖和嘟嘟。

她突然笑了：「哎呀，好像漏了我老公。他在我們家是末等公民，他自己也經常說他沒有貓狗重要。」

這話我信。連貓和狗都雙雙上榜了，她老公在家裡的地位可想而知。

說起老公，她的神情一下子變得有些複雜：「怎麼說呢，他人很好，就是太老實了，老實得有些窩囊。說實在的，當初追我的人很多，我根本就看不上他，也沒想到會嫁給他。」

那為何最終還是選擇了他？

她說：「我爸媽喜歡他呀。我爸爸一向看人很準，說他忠厚可靠，脾氣性格最適合我，所以我聽從了爸爸的意見。」

聽從爸爸的意見嫁給了他，並不代表她內心喜歡、認可並接受了這個男人。

她很漂亮，工作體面、能力很強，賺錢遠比老公多，一切的一切決定了在這段婚姻中，她為王、他為臣，她從骨子裡看不起他，卻又離不開他，一方面忌憚於父母對他的喜歡；另一方面，在他面前，她有強烈的優越感，她喜歡理直氣壯的享受他對自己的照顧與付出。但她又實在嫌棄他的無能，所以當她懷孕的時候，就在心裡做出了一個決定：孩子以後決不能像他。

孩子出生以後，她的確有意無意的在孩子和老公之間豎起了一道屏障。女兒年幼時由外婆、外公和阿姨照顧，上幼兒園後由外婆、外公接送，上學後由她這個當媽的親自管教和輔導學習。

在這個家裡，女兒和她關係最緊密，爸爸彷彿被隱身了。這個男人除了每天上下班，回家做點家事，和女兒之間幾乎沒有交談、互動的機會。在孩子的教育和陪伴上，他都插不上手，完全被排斥了。

在潛意識裡，她一直認為把女兒和丈夫隔離開是對的，她不希望女兒的脾氣性格像丈夫。孩子最善於觀察和捕捉家庭成員的關係。人小鬼大的女兒照貓畫虎，對爸爸也頤指氣使，全無敬畏。

爸爸對女兒百般疼愛，一句重話都捨不得說。在他心裡，家裡不過又多了一位需要他包容伺候的小公主而已。

＊＊＊

有一次諮詢，她把女兒帶來了。

她一直想帶女兒來，是因為心裡還有許多擔憂。跟女兒交談之後，我發現她的確如她母親所擔心的那樣，有明顯的憂鬱、焦慮情緒。

這個外表秀氣的女生，內心有太多糾結與恐懼。她不知道該怎麼跟別人打交道，不知道該如何處理和同學、老師的關係，不知道不同的場合該說什麼話。從小到大，她習慣了依賴家人，自己不敢做任何決定，更不敢去冒險，尤其去到陌生的地方，會表現得特別膽怯。比方說，如果要她一個人坐公車、地鐵去參加什麼活動，她會提前幾天就陷入焦慮之中。

這個在家裡被無限滿足、寵愛的女生，是典型的窩裡橫[22]，一旦到了家以外的地方，窩裡

22 比喻一個人在家裡十分不講道理，出去時則變得很軟弱。

橫就變成了手足無措的嬰兒。外面的世界對她而言，是如此的未知而可怕。

這個女生的種種表現，無疑是和父親的關係出了問題。

一個人童年與母親的關係決定其一生**與外部世界的關係**，但越來越多的研究表明，**父親對兒女的成長同樣具有重要的意義**。

尤其是父女關係，很多時候父親對女兒的影響甚至遠遠超過母親。被父親疼愛、肯定、支持的女兒，往往在自尊、自信、安全感甚至智力水準上有較好的表現。父女關係模式甚至會決定女兒未來的婚姻品質、與配偶相處及兩性關係模式。

對孩子的教育裡，母親代表溫柔、照顧、陪伴、愛心，父親代表力量、秩序、權威、規則。缺少任何一方的支撐，孩子都容易出問題。

三歲以下的幼兒以自我為中心，在他們眼裡，整個世界都是無條件圍繞著自己來運轉的。但三歲之後，孩子在家長的教育引導下，會慢慢產生約束自己的意識，對外部世界的運轉方式會逐漸有所了解。他們要學著用被社會認同的方式來滿足自己的需求，這時候就會開始**建立規則意識**了，而在這個階段，父親的介入顯得特別重要。

相比母親，父親更能為孩子建立界限和規則意識。

一個人的規則意識首先要從家裡開始建立，要先認同了家裡的規矩，才能循序漸進的去認同社會的規矩。

在很多女人強勢的家庭裡，妻子容易對丈夫嚴厲苛刻，對孩子則心軟、耳根子軟，教育孩子的時候往往表現出過度的溺愛與控制，沒有原則、沒有規矩。

如此情形在生活中很常見，很多孩子說話毫不顧及他人感受，做事隨心所欲、大膽超出常規，有的媽媽對此還很得意，覺得我們的孩子天性多自由。這些媽媽想不到的是，這樣的孩子，養在自己家裡可以，一旦到了校園裡、社會上，幾乎是人見人厭、人見人躲，不受人歡迎，更難以被環境和群體接納。

不認同父親並缺少父親引導的孩子，長大後很難適應外部世界的規則，會恐懼權威，內心沒有自信和安全感，做事缺乏耐力和韌性。父愛的缺席，甚至還會影響到孩子的戀愛價值觀。

＊＊＊

她說：「過去我還挺自豪的，總覺得女兒跟我好，離不開我，是對我最大的認可和肯定。我心裡一直希望女兒像我，從沒想到她也需要認同她爸爸。」

緊接著她又說：「我跟我爸爸關係就很好，我很認同他。」

我開玩笑說：「認同到婚姻大事都要聽他的。」

她笑了，突然眼圈有些泛紅：「其實，有時候我也挺怨他的。」

談到和父母的關係時，她發現自己心裡竟然隱藏了那麼多不滿。

從小到大，因為家境優越，父母在物質上充分滿足了她，但另一方面也很控制她，具體表現在要求她聽話、順從，學習要好，做人要正直，她經常因為一些小小的錯誤被父母責罵，有時甚至會打她。

記得有一次，步入青春期的她和男生約會被父親發現了，父親什麼也不問劈頭就甩了她兩個大耳光，打得她頭暈目眩、羞愧難當，母親還在一旁說風涼話：「妳爸爸打妳都是為妳好，妳要好好反省一下自己。」

她反省的結果就是再也不敢輕易和男生靠近了，甚至再有人熱烈追求她，她都覺得是在害自己，不但不為之感動，還會對對方心生反感。

選擇嫁給丈夫，雖然首先考慮到父母的喜歡，有孝順、滿足父母心願的意思，但其實找一個遠遠不如自己的男人，正是她所需要的。

女孩子找丈夫，一般有兩種情形，一種是找和自己父親特別相像的男人，一種是找和父親截然不同的男人。她顯然選擇了後者。

她仔細回憶起來，在婚前為數不多的戀愛經歷中，她往往第一時間就會否決跟父親相似的男人。這些男人的優秀，恰恰成了他們的阻礙，因為優秀的男性於她而言意味著強大，也意味著巨大的壓力，容易誘發她內在的自卑和弱小感。

在寬厚善良、平庸無能的丈夫面前，她可以高高在上為所欲為，這讓她感覺很好，很有安全感和掌控感。所以她在婚姻中一邊輕視、壓制丈夫，一邊又離不開丈夫。

從小到大，她雖然順從父母，但內心深處的恐懼和憤恨一直都在，只是她沒有意識到。

她更未曾意識到的是，她把自己對父母積壓已久的憤怒和怨恨都投射到了丈夫身上。在丈夫面前處處逞強、驕橫任性，透過對丈夫的打壓和貶損，來補償自己過去在父母那裡遭受的打壓和貶損。

以父親對待自己的方式去對待丈夫，她最終變得如父親一般控制、強勢。潛意識中，她把年輕時和父母關係裡自己無力面對、解決的心結，轉移到了自己的婚姻裡，試圖在和丈夫的關係中去解決、去修正。這樣做，就好比張三原本應該和李四打官司，卻硬要去和不相干的王五打，結果可想而知。

多年來對丈夫的忽略和輕視、極不對等的夫妻關係，最終都呈現在女兒的狀態裡。女兒怯弱不自信、排斥異性的背後，缺少了對父親的認可和父性力量的支撐。

對孩子來講，人生第一個三角關係就是家庭關係。

如果父母和孩子組成的三角關係能夠均衡發展，對孩子的性格、情感發展、獨立性都有好處。如果父母雙方力量失衡，孩子的存在也會被削弱，容易出現各種身心症狀。這就是所謂的父母生病，孩子吃藥。

談起深愛的女兒，她心疼得直掉眼淚：「這麼多年來，我老是在女兒面前貶低她爸，有意無意的不讓她和爸爸多接近，孩子心裡肯定很難受吧。想想我真傻，哪有孩子不愛自己爸爸的呢。妳說，我現在調整還來得及嗎，會不會晚了？」

我說：「我不知道晚不晚，但調整，肯定比不調整要好。」

治癒你

子女對婚戀情感的態度，大多與父母的婚姻模式有關。

妻子如果嫌棄丈夫，不希望孩子像丈夫，往往會有意無意在丈夫和孩子之間豎起一道屏障，不讓他們靠得太近。這樣做的後果是，孩子會對異性交往感到陌生和害怕，不太容易進入親密關係。

停下來的人生力量

一隻趴在窩裡慢慢長大的小鳥，
看上去它是很孱弱、很安靜的趴在那兒，
其實它在靜悄悄的蟄伏，在蓄積力氣和能量。

＊＊＊

女兒念初三時，有一天她放學回家寫作業，那天作業特別多，到了晚上十一點半還沒有寫完。一想到第二天還要起早上學，她心裡很著急，突然失控大哭：「媽媽，為什麼作業這麼多啊，我寫不完了，我真的好累好累啊。」

她的眼淚令人心疼。從小學到中學，她一直是這麼辛苦過來的，小小的人兒，每天睡得晚，起得早。為了節省時間，課餘時間她不去玩，留在教室寫作業。甚至有幾次晚上在家寫作業，寫著寫著她突然趴在書桌上睡著了，我們不忍心叫她，只好次日凌晨五點再把她叫起來繼續寫。

她一邊哭一邊對我說：「這作業我不寫了，明天我也不去上學了。」

這是她第一次有這樣的表達，當時我有些吃驚。

女兒從小到大一直很乖、很自律，學習幾乎不讓人操心，因為她很小就認為「學習是我自己的事情」。

那一刻我開始反思，孩子太乖，可能不是一件好事。

我對她說：「好，今天不寫了，明天也不去上學了。」

這下輪到她吃驚了：「真的嗎，媽媽？」

我說：「真的，明天一早我就打電話給老師請假。」

她有些興奮：「用什麼理由呢？」

我說：「妳覺得什麼理由最合適呢？」

她想了想：「就說我感冒了，很難受。」

我說：「好。妳馬上洗臉漱口休息，好好睡一覺。」

第二天早上，我們沒有叫她，家裡人都輕手輕腳，深怕吵醒她，結果女兒自己從房間裡走了出來。

我看她穿戴整齊，很驚訝：「怎麼不睡呀？」

她說：「我要上學呀。」

我說：「不是說好今天不去了嗎？」

她說：「我還是去吧。」

我還想堅持：「就在家休息一天吧。其實偶爾不去上學挺有意思的。一個學生沒翹過課，多無趣呀。」

她哈哈一笑，衝我扮個鬼臉，吃早餐去了。

那天我還是幫她寫了聯絡簿給老師，抱歉作業沒有寫完。

她的老師很寬容，並不要求她補寫，但女兒利用課餘時間補寫了作業。

＊＊＊

當自己的孩子流露出厭學情緒，很多家長的第一反應可能和我一樣，感到吃驚，無法接受。這個感受是正常的、真實的，每個家長心裡，都害怕孩子不去上學。

吃驚之後，不同的家長有不同的反應。

有的家長如臨大敵，趕緊把各種大道理搬出來：「你不可以這樣想，不上學你以後怎麼辦，別人會怎麼看你？不上學就沒前途了，你這輩子就毀了。」

有的家長直接開罵：「你在說什麼？我們辛辛苦苦生你養你，好不容易養這麼大，你竟然說出這樣的混帳話來。不去上學，你以後喝西北風去啊。」

在我的觀察中，越是簡單粗暴的否定孩子、責罵孩子的，孩子慢慢到最後真的會拒絕上學。

這是為什麼呢？

孩子不想上學的背後，一定有他的原因。

可惜很多家長不去探究到底是什麼原因，先急著否定孩子了。

當孩子表達不想上學的想法，可能是**遇到了單靠他自己無法解決的困境或問題**，這個表達可能是在**試探家長**，也可能是在**向家長求助**。

孩子太累、太疲憊，學習沒有動力了，想試探一下家長：我生命的意義只剩學習了嗎？如果我不學習你們就不愛我了嗎？我可不可以休息，可不可以去玩啊？

孩子很想好好學習，但成長中的各種困惑或突發事件導致其無法保持好的狀態，不想上學的表達或許是在求助：除了學習，你們能否關心一下我其他方面的需要？我心裡有很多困擾，我希望得到理解、引導和幫助。

試探家長的孩子，如果家長的回應讓其感到自己的想法被接納了，知道自己有退路，反而會安下心來，繼續完成學業。

一開口就把孩子的話斬釘截鐵堵回去，恨不得把孩子的想法當場否定的家長，會讓孩子陷入深深的失望之中。

孩子會想：原來在你們心裡，學習比我這個人重要，比我所有的感受都重要。

當學習這件事情大過天，當學習成為家長和孩子之間唯一的連結，當學習引發了父母子女間太多的愛恨情仇，請相信，孩子一定會討厭、痛恨學習的。

這個討厭和痛恨的情緒一經滋長、蔓延，孩子會想盡辦法達到不去上學的目的：或者是直接的激烈對抗、自暴自棄，或者是婉轉迂迴的被動反抗，或者把內心的痛苦焦慮都呈現在各種身心症狀上。

家長馬上會感覺到壓力接踵而至。

有些被送來做諮詢的孩子，你跟他認真溝通之後，往往發現，其實決定其上學與否的原因很簡單。如果當初家長的回應比較恰當、態度比較溫和包容的話，事情多半不會逐漸發展到失控的狀態。

很多時候，孩子諮詢幾次後回去上學了，家長留下來繼續諮詢，學習如何與孩子相處。一個被孩子信任的家長，是孩子最好的心理師。

當然還有一種情況，很多對父母、對家庭有過多依賴，在心理上還無法與父母完成分離的孩子，一旦要離開家去上學，去面對外面的世界，對他而言無疑是一個巨大的挑戰與考驗。一些馬上要面臨高考的孩子，一些去外地上高中、上大學的孩子，會在這幾個特殊時期表現出退縮或崩潰。每年開學後是個集中爆發點。

這種情況顯然比前者要嚴重，因為很多孩子真的就是無法待在學校裡了，不光身體不能靠近學校，甚至聽到「學校」兩個字就恐懼、抓狂。有一個孩子，不許誰跟她提老師，有一次諮詢中我忘了，剛一提「老師」二字，她就開始尖叫。

一起抓狂的還有痛苦絕望的家長們。很多家庭，父母被孩子折騰得身心疲憊，生活幾乎要亂了陣腳。

對那些無論如何都不肯去上學的孩子，我會問家長一個問題：「敢不敢聽孩子的，允許孩子回家待著？」

這句問話比較殘忍，要知道，這幾乎是所有家長的心理底線。

雖然現實情況是，家長接不接受其實都沒有用（當然也有個別家長就是要和孩子對峙到底：寧可你死，也要上學），所有辦法都試過了，孩子依然鐵了心要回家，而父母不得不做出妥協與讓步。

回家待著真的很可怕嗎？

事實上，沒有想像中可怕。

很多孩子回家之後，之前的憂鬱、焦慮、失眠等症狀明顯減輕；有的孩子雖然回了家，但選擇自己在家裡繼續學習，之後參加學校考試或升學考試，成績也很理想；還有的孩子，回家後做自己感興趣的事情，發展出自己的其他能力，在家裡學程式設計、畫畫、寫作，重新選擇了另一條成長的道路。

有一個在家開網路商店的孩子，經營得特別成功，收入比父母工資還要高。當父母逐漸習慣了他的狀態，突然有一天他又宣布要去上學了。

孩子想要回家，是一種退化（regression）[23]，也是孩子的一種自我保護方式，那意味著他需要退回到一個安全溫暖的地方，去休養、去療癒，去重新儲蓄能量。

不光孩子如此，很多成年人也如此，在自己身心疲憊的時候，會選擇退回到一個安全的地方去休息。

＊＊＊

有一則新聞引起我的注意。在過去幾年裡，韓國已有超過兩千人自願把自己送進類比監獄裡，目的就是要逃避繁重的日常工作和學業負擔，其中很大一部分人是大學生和公司職員。

想住進模擬監獄[24]並不容易，每人每天要支付六百多元的費用，且每天長達二十個小時只能一個人待著，不准與其他「獄友」交談，不准戴手錶，不准用手機和電腦。

一位二十八歲的韓國女職員準備在模擬監獄住二十天，她一邊吃著簡單的餐食，一邊對著鏡頭說：「平時太忙了，我本不該出現在這裡，手頭還有很多工作要做，但為了更好的生活，我決定休息和反省一下。」

也許有人會問，想休息那就自己找個地方待著好了，何必非要花錢去住「監獄」呢？這恰恰說明當事人沒有信心和能力讓自己停下來，他們需要強制性的、被約束被監督的方式；以這樣的方式退回到一個幽閉安全的環境裡，緩解心理上的各種壓力與緊張，讓身心獲得休養、放鬆，才有信心重新出發，繼續工作、生活下去。

在漫長的人生旅程中，其實我們每個人都曾經歷過疲憊、低落、退縮，都曾萌生過不如停下來休整一番的念頭。

如果父母能夠感同身受的去理解孩子，能夠真的去接受和容納孩子，允許孩子退回來，就等於給孩子提供了一個很大的容器，在這個容器裡，孩子能獲得充分的滋養。

這個容器的原理和諮詢起效的原理是一樣的（按：將生命譬喻為容器，其中的內容物，即

---

23 也稱為倒退、退行；指個體在遭遇到挫折時，表現出其年齡所不應該有的行為反應。

24 韓國從二〇一三年開始模擬監獄風潮，因韓國人工時過長，生活壓力大，許多人願意花錢走入「監獄」，把自己一整天關在牢房內，不受他人打擾。

代表人的心理狀態；指父母能為孩子設身處地著想）。尋找的就是一個容器，一個能量空間，在感覺安全的空間裡，他們可以與自己的內在重新連結。這樣的能量空間，是有療癒作用的。

能做孩子容器的父母很了不起，因為要和孩子一起經歷一個痛苦的過程，要等待、要忍耐。當孩子被父母真正看見、接納、抱持之後，他才有勇氣帶著愛和自信走向外面的世界。

就像一隻趴在窩裡慢慢長大的小鳥，看上去它是很孱弱、很安靜的趴在那兒，其實它在靜悄悄的蟄伏，在蓄積力氣和能量。

等到有一天，當有了強健的體魄和力氣，這只小鳥會毫不猶豫的展開翅膀，飛向遼闊的天空，慢慢的，它會飛得越來越高，在這個神奇的多彩繽紛的世界裡，自由快樂的飛翔，飛出它生命的精彩與高度。

治癒你

沒有一個孩子的厭學心理和拒絕上學的行為是突然發生的。只是很多家長忽略了發生之前的那些信號。

孩子選擇回家待著，是一種退化，也是自我保護的方式，那代表他需要逃避到一個安全的環境中，去休養，去調整，去重新積蓄能量。對此能理解和接納的父母，是孩子最好的容器。

番外篇二
沒什麼，就是想來看看你

前陣子去國外旅行一趟，回來後各種瑣事忙碌，微信公眾號也延遲發送了。事實上在旅行期間，來自國內預約諮詢的電話和資訊已讓我頗感壓力和糾結。

諮詢師若是去培訓學習，來訪者一般不會太焦慮；如果諮詢師去休假或遊玩，有些來訪者的反應就會大一些。對來訪者而言，諮詢師的穩定與否非常重要。

回國後的一個諮詢中，來訪者W說：「妳知道嗎？一聽到妳的聲音，我都哭了。」

回國當晚就接了兩個視頻諮詢，其實平時都是面對面的諮詢，但來訪者說等不了了，堅持要提前約視頻諮詢，且理由也相當一致：有很急的事情需要談。

心一軟同意了。談完才發現，事情沒有描述的那麼緊急。

就像有些做了很長時間諮詢、狀態已經比較穩定的人，還是習慣隔一段時間來見我一次，開場白往往顯得輕描淡寫：「也沒什麼事情，就是想來看看妳！」

但說著說著你就發現，對方談論的話題非常重要，絕非來看看我那麼簡單。

諮詢師的短暫離開或永久消失（有些諮詢師會因為種種原因突然放棄或逃離來訪者，沒有任何徵兆的離開，給來訪者帶來二次創傷），都會讓來訪者產生失落與崩潰感。有這些感覺的來訪者，早年大多有被重要養育人拋棄或轉送別的撫養人的經歷，或曾經歷過重大喪失、分離的創傷，而這些情感體驗往往會投射到和諮詢師的關係中，這也是諮詢師需要面對和處理的移情和反移情。

之前有位重度憂鬱的來訪者跟我做了大半年諮詢，他的動力很強，看上去症狀好轉得很快。因為，他本人感覺不錯，他周圍的人也認為他好了，所以某次諮詢中他提出先嘗試結束諮詢。

其實我心裡很清楚，他太想擺脫憂鬱了，太想達到一個好的狀態給家人和我看，而且我們還沒有觸碰和探討到彼此的關係，也就是移情和反移情的問題。所以，他雖然不太憂鬱，但還是有焦慮和亢奮的問題。

我把一些顧慮和他講了，他堅持說「沒事的，妳放心吧」。考慮到他不在北京，每次來回都要坐高鐵，我就沒有再堅持，但提醒他有需要的時候再來諮詢。

結果過了兩個月他又來了，他說回去後最初一段時間身體和情緒都很好，慢慢的又不行了，整個人完全撐不住的感覺。後來他找到一個安慰自己的辦法：天天看我的相片，回憶我說過的話，有時還對著我的相片掉眼淚。

呃，聽到最後那句話我心裡不咯噔一下是不可能的。

有個出國留學的姑娘說話更直接：「妳一定要好好的，我回國來還得見妳哪……。」潛臺詞是：妳不能有任何意外或變化，以確保我需要妳的時候還能找到妳。

事實上我經常想到來訪者對我的依戀和信任。這也使我時時提醒自己、反觀自己，尊重每一位來訪者，認真對待每一次諮詢。

有兩個來訪者應聘到離我不遠的地方上班，然後歡天喜地告訴我：「王老師，我站在我的辦公室可以看到妳這邊呢。有時中午我會跑到妳樓下去走一走……。」

能感受到諮詢師的存在，甚至在想像中靠近諮詢師，和諮詢師有連結感，於來訪者非常重要。我心裡很清楚，這不代表諮詢師有多厲害，是來訪者把你當成一個可信任的穩定客體時的感覺很重要。

諮詢師必須牢記，自己只是來訪者生命中某一個過渡期的替代角色，諮詢的最終目的，是來訪者可以甩掉諮詢師這根拐棍而獨立存活。

一位女大學生來訪者，每次快結束諮詢時都會問我，在她後面還有沒有人來諮詢。如果我說還有，她就會想方設法延長諮詢時間。

有一次她又如此問我的時候，我說還有，她的臉馬上陰沉下來。

我說：「我注意到，每當妳知道在妳之後還有別人要來諮詢，妳都會有些不高興。」她沉默了一會兒：「我一直痛恨我的爸爸、媽媽，為什麼生了我，還要生弟弟妹妹？」

很多來諮詢的人跟我說，他**心裡常常很慌**、**很空**，一種**無所依恃**的感覺。

有這些感覺的人都有一些共同點：**缺愛**、**缺依靠**、**缺安全感**。

這和嬰幼兒時期以及每個人生階段的成長中獲得的愛與關注、照顧不夠有關。內在越是獲得不夠，越要不斷向外尋求，以彌補被虧欠的內在小孩。就像很多家長視青春期戀愛如洪水猛獸，說會如何如何，其實所謂青春期戀愛，不過是一個孩子在尋找父母之愛的替代品而已。

一個得到父母或養育者的愛越少的人，越容易過早陷入戀愛關係中，也容易頻繁的更換戀愛對象；一個從小得到足夠充分愛的人，不會過早進入戀愛關係，一旦進入，往往也會比較專一、穩定。

無論是誰，都想要愛和依靠，那是我們可以存活於世的根本。

事實上，一個人情感世界的支撐點越多，這個人往往發展得越好，狀態也越穩定。當然最重要的前提是：我們在**尋找他人的溫暖和依靠之前，先要學會依靠自己、好好愛自己**。

第三章

哪怕你什麼都做不了，也別對自己說「加油」

學著自私一些，
對自己好一些，
把自己的生活過好。

那些說不出口的願望，身體會幫我們表達

「如果你的咽炎可以說話，你覺得它想表達什麼？」

他愣住好一會兒，慢慢紅了眼圈：「也許它想表達憤怒！」

＊＊＊

我的一位男來訪者，是個外表很有氣勢的人，可能因為在公司是個主管，平時發號施令慣了，對於自己要向人求助這件事難以接受，每次來諮詢時都會跟我強調：「我本來不想來，是我妻子逼著我來的！」

他做了幾個療程的諮詢，這話也強調了很多次，不明真相的人會以為他是個很尊重妻子意見的人，但以我對他的了解，他讓妻子抓狂的原因，恰恰是表面上凡事配合、態度誠懇，背地裡卻是婉轉攻擊、無比叛逆。

有一段時間他苦惱於妻子對他提出的一個要求：業餘時間陪兒子玩，以培養兒子的陽剛之氣。原來，妻子對於他一回家就癱在沙發上早就忍無可忍，每天各種指責、埋怨，他都無動於衷，直到妻子暴跳如雷，以離婚相威脅，他才認真起來，答應她週末一定會陪孩子學騎自行車。

承諾之後他明顯有些焦慮。

我們一起探討為什麼別的爸爸做起來很自然愉快的事情，於他而言卻如此困難。原來從小就

沒被爸爸陪玩過的他，對於陪伴自己的孩子毫無經驗、心懷恐懼，同時他對兒子有隱隱的嫉妒，覺得那小子得到的愛比自己多多了，還有一個想法是「社區裡陪孩子玩的大多是媽媽們，我豈能與她們為伍？」

臨走時，他表示輕鬆了好多，壓力沒那麼大了。

一週後，他再來的時候，我看到了一個衣著考究卻右腳略跛的男子，一坐下他就說：「上週五腳扭傷了，疼得走不了路，害得我這個禮拜出門都很不方便……今天妳看到的情況算是已經好很多了。」

看上去他在抱怨，但眼角眉梢都是笑意。

我意味深長說：「你看起來好像很開心。」

他狡黠的眨眨眼：「有嗎？哈哈哈……。」

他一邊笑一邊對我說：「我妻子嚇壞了，她說以後再也不派任務給我了，一讓我做什麼總是出狀況……。」

歸根究底，他也沒有陪兒子去騎自行車。

他繼續理直氣壯的癱在沙發上，沒人再指責什麼。

他的身體反應，幫他達成了潛意識的願望。

＊＊＊

有一位員警來做諮詢，他自述自己很少感覺到快樂，什麼病也沒有，卻出現了很多身體上的症狀：胃痛、失眠、頭暈、胸悶。尤其令他困擾的是經年不癒的咽炎，這使他說話的聲音明顯低沉暗啞。看了好多醫生、吃了好多藥都不管用。

我問他：「如果你的咽炎可以說話，你覺得它想表達什麼？」

他愣住好一會兒，慢慢紅了眼圈：「也許它想表達憤怒！」

他之前的警惕、戒備漸漸鬆弛下來，開始跟我講他工作的壓力，家庭的壓力，來自群眾的壓力、公司主管和同事的壓力……我聽著都頗感沉重、無力。員警本身這個職業就注定了沒幾個人是能真正輕鬆的，跟他講「加油」、「放輕鬆」都是扯淡。

在述說的過程中，他的聲音慢慢通透起來，沒那麼暗啞了。

最後他說：「妳看，我不可能換工作，對吧？我也不可能像那些有錢、有閒的人定期來做諮詢，妳說我以後該怎麼辦？」

我：「跟我說了這麼多，你有什麼感覺？」

他指指自己胸口：「不那麼悶了。這些話我跟誰都沒講過。」

我：「你說得對，你不可能換工作，或者即便換了工作也還會有別的工作壓力。你無法逃避這些壓力，也可能不會繼續來做諮詢，但你可以像今天跟我說話一樣，在生活中去找你信得過的人，有什麼心裡話跟信任的人多說說。也許說出來，就沒那麼悶了。」

＊＊＊

我的一個女性朋友跟我講了這麼一件事。

某天下班回家，她感覺很累，就讓老公去煮飯，結果老公也喊累，不想進廚房。兩個人為此還吵了一架，最後她贏了，她的老公終於板著臉進了廚房。在裡面待了還不到十分鐘，一聲淒厲的慘叫聲就傳了出來。她嚇得不輕，趕緊衝進廚房，原來她老公切菜的時候把自己手指切到了。

一番包紮加安慰之後，她把傷病員安置在沙發上休息，自己轉身進了廚房。

到底還是想不通，跟我說：「怎麼就那麼巧呢？妳說他是不是故意的？他受傷以後不光飯不做，連碗也不洗了。而且我還不能抱怨，我一抱怨，他就理直氣壯把手伸給我看……。」

我忍不住哈哈大笑。

治癒你

別人對我們提一些要求，我們心裡其實很不樂意，但怕破壞關係，我們嘴上還是答應了別人。答應之後，心裡還是不舒服，這時候，往往容易發生一些狀況，彷彿在阻撓我們去做那件事情。其實，這是潛意識裡那個反對的聲音在找理由幫我們——不去做那件事。

你的存在，就是最大的價值

對愛你的家人而言，你真正的價值，
不過是能好好活著，活在這個家裡。

＊＊＊

近期總聽到認識的人生病、受傷或死亡的消息，除了震驚、傷感，還有**本能的逃避**。
人性喜歡花團錦簇、喜氣洋洋，害怕悲痛欲絕、無力回天。
相比那些一時衝動輕易結束自己生命的人，世間不知有多少人在掙扎著、努力著想活下來。
今晨突發奇想：如果兩者可以互換就好了，不想活的人把「生」的機會送給想活下去的人。
佛說：「生死不過是輪迴。死，是生的開始。」
對於經歷過喪親之痛的人來說，親人沒了就是沒了，這是深切真實的創傷與悲痛。
多少忌談生死的人，在貌似平靜中默默承受無法釋懷的喪親之痛，不敢與人提起，不敢面對和處理這份悲傷，這決定了這個獨自哀悼的過程可能要用去很多年，甚至一輩子。
英國哈利王子在很長的一段時間裡，用表面的放縱玩樂，去逃避媽媽戴安娜之死帶來的巨大悲傷，最後是在心理治療的幫助下，他才真正接受了這份喪失。這個過程他用了二十年。
一個遭遇妻子難產大出血而死的男人，在很多年裡都不能接受妻子的離世，很多年都痛恨自已僥倖活下來的孩子。孩子二十歲生日的時候，喝醉了的他對著孩子大喊：「為什麼當初死的不是你？」

生命中那些重要的人消失了，活著的人內裡有很多東西也隨之消失了。

＊＊＊

一個獨生女兒和她老公一起，推著她坐輪椅的媽媽來做諮詢。

必須來的原因是，這個媽媽用了很多方法想結束自己的生命，女兒和女婿在阻止她、防範她輕生的過程中已心力交瘁。

這個媽媽獨自面對我的時候哭得很傷心，她說過去自己是一個能幹強大的女人，把工作、家庭等一切打理得妥妥當當，活得很有尊嚴，很有價值感。最令她驕傲的是，女兒非常認同她、崇拜她，並且為有她這樣的媽媽而自豪……。

然而，一場大病改變了她的後半生，使她從一個習慣去照顧別人的人變成需要別人照顧的人，這令她感到自己很無能、很沒有價值感，最重要的是她不想給女兒添麻煩，所以才千方百計想了結自己的生命。

我對她的想法表示完全理解，她正感欣慰的時候，我問了她一個問題：「如果現在坐在輪椅上的不是妳，是妳的女兒，妳會怎麼面對？」

她一聽就急了：「如果是我女兒，我會盡全力醫治她、照顧她，無論付出多大代價。」

我說：「如果無論妳付出多大代價也改變不了什麼，女兒只能這樣坐在輪椅上，什麼都做不了呢？」

她堅定的說：「那我也要養著她，還要比以前更愛她。」

我說：「這也正是你女兒對妳的想法啊！」

她呆住了，眼圈有些泛紅：「我跟她不一樣。她還年輕，不應該讓我這個沒用的媽拖累她的生活。」

我說：「她是很年輕。妳現在的所作所為正在給年輕的女兒做示範。」

她疑惑的看著我，說：「示範？」

我：「對呀。你女兒的人生還很長，要經歷的事情還很多，這其中也包括未知的挫折、意外、病痛，以後當她遇到這些未知的時候，她很可能會按照媽媽的方式去面對啊。」

她神情緊張：「我的方式？」

我：「妳不是說女兒很認同妳嗎？一個認同媽媽的女兒，將來遇到傷痛、挫折的處理方式，很可能跟媽媽一樣，消極悲觀，一死了之。」

她嚇得往後一仰，陷入沉思中。

過了一會兒她說：「謝謝妳，我明白妳的意思了。我會好好活下去，給孩子們做個好榜樣。哪怕我已經是個沒用的廢物……。」

我：「妳有沒有想過，妳一直強調的價值到底是什麼？過去妳引以為榮的價值感都是那些外在的東西，能力、財富來支撐的，一旦失去它們，妳就把自己全盤否定了。但是，對愛妳的家人而言，妳真正的價值，不過是能好好活著，活在這個家裡。哪怕妳什麼都做不了，妳的存在，就是最大的價值。」

她眼含淚水，喃喃自語：「我的存在，就是最大的價值。」

過段時間她女兒再來諮詢時問我：「王老師，太神奇了，妳都跟我媽媽說了什麼呀，她現在像變了一個人。」

她媽媽回去後再也沒鬧過自殺，而是積極的發掘自己的興趣，把年輕時想做沒時間做的愛好都撿起來了：練書法、做衣服（自己設計和裁剪）、織毛衣、每天跟朋友聊天、上網理財、上網買菜……。總之，凡是可以用手做的事情，她媽媽都盡量去做，這使她的生活豐富起來，心情好多了。全家人總算是放鬆下來了。

這個媽媽很了不起，她找到了另一種存在的方式。

＊＊＊

疾病、意外、死亡，並不完全是壞事。

有時在生死危急關頭，一個人會爆發出巨大的生命力。

最近看了一部外國電影《一路玩到掛》（*The Bucket List*），講述的是兩位身患絕症被醫生告知只有半年可活的病友，一起去完成平生最想達成的願望。這其中包括從飛機上高空跳傘、徒步去喜馬拉雅山、跟親人和解……。看到最後你會覺得特別羨慕，這是多少人終其一生也無法做到的事情，但這兩位老人做到了，這生命的最後半年，是他們一生中最精彩、最幸福的日子。

在我做的諮詢中，有好幾個人是罹患癌症之後，才下決心來對自己和自己經歷的生活進行回顧與探索的。其中印象很深的有兩位女子，她們都很年輕，都有了自己的小寶寶，有個女子很平靜的跟我說：「我早就知道我會生病的。也好，我解脫了。從今往後我只要好好為自己活，不用再替別人操心了。」

她們至今都生活得很好。

治癒你

每個人都希望活出自己的價值，都希望成為有用之人。

我們對自我價值的評判標準往往與社會角色、工作能力、擁有的財富相關，一旦失去這些東西，就容易否定自己。然而，對於愛我們的人而言，哪怕我們什麼也做不了了，只要能好好的活著，就是最大的價值。

我們對家人的愛，有時只是閉嘴而已

一個沉默寡言、舉止木訥的男人身後，
往往有一個喋喋不休的老媽或老婆。

＊＊＊

一對母子千里迢迢從貴州來北京看病，醫生檢查診斷後建議其進行心理治療，於是這對母子坐在了我的面前。

人到中年的媽媽神情焦慮，一見我就急急忙忙講述來北京的原因：十八歲的兒子已有長達一年的時間拒絕開口說話了，其他方面倒還正常，吃飯、睡覺、上學都沒問題，就是不講話，一家人快急死了。在貴州當地找醫生看，說沒什麼毛病，於是跑到北京找權威醫院的專家看，結論也是沒有任何器質性病變，建議進行心理諮詢。

我看著那個兒子，在媽媽整個述說的過程中，他都很平靜的坐在一邊，碰到我的眼神時還會微笑一下，就是這樣一個外表安靜柔和的男生，把一家人的生活節奏都打亂了。他媽媽為了帶他四處治療，還特地跟公司請了長假。

等媽媽說完，我把視線轉向男孩，想問他幾個問題，也是想試探他到底能不能跟我說話。結果沒想到的是，我問他的每一個問題，他媽媽都搶答，最後全部替他回答了……。我吃驚的看看她，又看看她兒子，男孩則一臉苦笑的看著我，至此我終於明白了什麼，決定停止問詢。

我不說話，母子倆也不說話，之前熱鬧的場面突然靜默下來，當媽的顯然很不習慣，她有些惶恐的看著我，我還是不說話。終於她忍不住了：「王老師，孩子的情況我跟妳講了這麼多，妳覺得他到底是怎麼了？怎麼才能讓他開口說話呀？」

我：「妳跟老公關係怎麼樣？」

她皺眉：「很一般，他工作忙，幾乎很少在家。」

我：「你們平時交談多嗎？」

她猛搖頭：「他很少說話，我們幾乎不交談的。哎呀，妳這一問我想起來了，我兒子很像他爸呀？」

我：「爸爸老不在家，看來妳陪兒子的時間最多，妳擔的責任也會多一些，是否從小到大兒子做什麼妳都不放心，凡事妳都要親自打理？」

她點頭：「是的、是的。」

我：「作為媽媽妳很厲害，什麼事情都能替孩子搞定，所有的話都替孩子表達了，那孩子還有說話的必要嗎？」

＊＊＊

一個沉默寡言、舉止木訥的男人身後，往往有一個喋喋不休的老媽或老婆。

女人嘮叨太多，是焦慮擔憂的表現。這份焦慮最初是投給丈夫的，丈夫煩的時候會找很多理由逃離，或者用拒絕和妻子交談來抵抗。丈夫的逃避會加重女人的焦慮，最後這份焦慮往往會加倍轉向孩子，相比爸爸，孩子可逃的地方不多，只好被動成為媽媽的垃圾桶。

很多家裡都是一個女人在不停的說啊說，丈夫和孩子在沉默。

孩子不說話，是一種變相的反抗，也是應對父母掌控侵擾的自我保護。

一些和父母一起來做諮詢的孩子，我會從他們各自對座位的選擇來判斷他們彼此關係的親疏遠近，往往孩子會選離媽媽略近的位置，但又保持一點距離，有的媽媽會很介意，會不停的說：「來，挨著我坐！」往往越這樣說，孩子越挪得離她遠一些。

有一次一個孩子媽媽生氣了，扭頭對我說：「妳看，他就是覺得我煩，在家裡他更過分呢。以前我們可好了，我抱他親他都可以，現在能離我多遠就有多遠，虧我那麼愛他、心疼他……。」

話音未落，她十六歲的兒子突然當場爆發，那小子幾乎是喊著說：「妳如果真的愛我，就離我遠一點，別管我好嗎？」

與之相反，有些父母會很欣慰的跟我說：「我家孩子很懂事，跟我們感情很好，什麼話都跟我們說。」

一個孩子什麼話都跟爸爸、媽媽講，不是一件值得炫耀的事情。一方面，孩子可能是為了迎合父母的需要，尤其是好奇心重的媽媽，對有關孩子的一切都想掌控，都想刨根問底，孩子去滿足她，無疑是在討好她；另一方面，意味著這個孩子沒有自主獨立的空間，凡事都要依賴父母。

和光彩。

青春期的孩子，沒有自己的祕密和空間是可怕的，那**代表他難以長大，難以獨立**。

有的父母或長輩，很難與孩子完成心理上的分離，不能把孩子視作獨立的一個人，以愛和關心的名義拚命侵入孩子的空間，以為與孩子的親密融合就是愛，卻沒想到孩子會有被吞噬、被侵襲的痛苦，甚至會有自己完全不存在的感覺。在這樣的親子關係裡，孩子很難活出自己的生命力和光彩。

＊＊＊

有個強迫症的來訪者跟我做了很久的諮詢，有時跟她在一起我有昏沉沉的感覺，最近這次諮詢中，我在她語調平平的敘述中睡著了，很快驚醒過來時，發現她對於我的打盹毫無察覺，仍然低著頭繼續說。不一會兒，我再次睡著了，當然很快又驚醒了，看到她仍然盯著自己的腳尖，乾巴巴平鋪直敘跟彙報工作一樣述說近況，我突然意識到我的困倦來自哪裡了。

當她說完抬頭看我的時候，我說：「我注意到妳說話的時候很少講具體的細節。」

她想了想：「好像是這樣，別人都說我說話簡單又直接，我是那種說不了幾句話就把話聊死的人。」

我：「在家裡和爸媽說話也這樣嗎？」

她搖頭：「我在家裡很少跟他們說話。除非必須說的就說幾句。」

我：「記得妳曾說過妳跟媽媽交談比較多？」

她：「那是過去，現在沒有了。」

問這個變化是怎麼發生的，她說：「我的所有事情她恨不得都想知道，知道多了盡瞎操心、瞎指揮，控制欲太強，我覺得很煩，乾脆跟她少說話。」

少說話，是她用來抵禦媽媽控制的武器。

一個人不說話，誰也奈何不了他。

不讓別人知道太多，別人自然無處下手。

久而久之，大量的心理活動和細節都隱藏在心裡，不願或懶得表達，跟人交談自然會很無趣，而無趣會帶來困倦乏味。

＊＊＊

很多女人抱怨男人在親密關係中時不時的逃避和疏離，認為這是他不夠愛自己的表現。

其實**男人的逃避很多時候是一種自我保護**，他們恐懼和女人太過親密，那種親密會讓他們感覺自己被吞噬掉了。為了不被吞沒，他必須有一個自我的空間。

這種恐懼的根源來自男人早年和母親的關係，博大無邊包裹著男性的母愛既讓他溫暖享受又令他痛苦恐懼，他必須奮力掙扎，脫離母親的懷抱，才可以成長為一個男人。反之，則陰柔有餘、陽剛不足。當男生長大後進入親密關係，自然也會逃離想和他時時膩在一起的女人，就像逃離母親的懷抱一樣，太過緊密會讓他窒息。

作為女人若能了解到這一點，接受彼此有各自的空間，會減少很多無中生有的煩惱與摩擦。

習慣把眼睛和嘴巴投向另一半和孩子的人，要學會把注意力收回到自己身上來。

生活中，能管住自己嘴巴的人都很厲害，不論是說話還是吃東西。

我們對家人和孩子的愛，有時只是閉嘴而已。

治癒你

父母越愛說話、講道理，孩子越會沉默、木訥；配偶一方越喜歡喋喋不休，另一方越冷漠、逃離。

沉默、冷淡、逃跑，都是當事人用來保護自己免受干擾的方式。在關係中，要看到自己和對方的真實願望，學會與自己的情緒相處，才能讓彼此都活在相對輕鬆的狀態裡。

你覺得很完美，別人卻覺得心很累

「請你告訴我，第一步我要做什麼？」

「放棄和憂鬱對抗，允許自己跌落到谷底。」

＊＊＊

M坐在我對面，一臉焦灼與困惑：「我想不通，為什麼我會憂鬱？」

說這話之前，他剛告訴我他的職業與身分，提起自己參與建造的一些著名建築景觀，和在裡面承擔的重要職位，他的眼睛閃閃發光，我說：「你很熱愛你的工作，並為此而自豪。」

他歎了口氣：「是的。如果不是因為憂鬱症，現在我不會坐在這裡。我的同事們都正忙著呢，工程到了最關鍵的時候……。」

M還說，其實從感覺自己不太好到澈底崩潰，已經有好長一段時間了。怕耽誤工作，他一直硬撐著，直到暈倒在辦公室裡。

一見到我他的第一句話是：「有沒有最快、最好的方法，可以盡快把我治好？花多少錢都不是問題。」

我說：「你想要靈丹妙藥，可是我沒有。」

他嚴肅的看著我：「那到底怎麼樣才能好？」

我：「回答這個問題之前，我想知道：你怎麼看待你的憂鬱？」

他：「說實在的，我根本想不通，也無法接受。我的工作好，收入高，受人尊敬，家庭生活也很好，我妻子不工作，把家打理得井井有條，我有個女兒八歲了，學習好，也很聽話，我的生活實在沒什麼可操心的……。」

我：「你這麼忙，平常多久回一次家？」

他愣了一下：「這次生病之後我回家了。之前的話，如果工程在外地，一般幾個月回一次家。如果在北京，呃，其實也很少回家……。」

＊＊＊

第二次諮詢，M的妻子陪他來的，她想先單獨跟我談談。

一見我，他妻子未語淚先流：「我早知道會有這一天，他一定會垮掉的。」

她說，M從小到大都以學習好著稱，是他老家的風雲人物，他考到北京上大學並留在北京工作，以及在事業上取得的成就，使他成為老家親戚拿來教育自家孩子的榜樣，更使他成為整個家族的驕傲。

與此同時，他也承擔了巨大的壓力。因為從小家境貧寒、兄弟眾多，工作和結婚後，他還得照顧老家那些親戚；再加上北京買房買車和養家的壓力，這使他的身心時刻都處於緊繃的狀態中，絲毫不敢懈怠，情緒也變得越來越急躁。

他妻子說，雖然他很少回家，但她和女兒都覺得，他不回家可能更好。因為他回家的同時也把工作帶了回來，從早到晚都在用手機或電腦處理工作上的事情，弄得她和孩子很沮喪，不敢要求他陪著玩，或指望他分擔點家事。

不光把工作帶回家，他也把焦慮帶回家了，只要他在家，她和孩子就緊張。他一向對妻兒比較嚴厲，要求很高，動不動就板著臉，跟她們說話就像主管對下屬的口氣，這讓妻子心裡很不舒服，感覺除了拿錢回家，這個男人在家裡沒有任何作用，是可有可無透明的存在，夫妻倆的感情已經快枯竭了……。

她說：「如果不是因為他生病了，我們可能就會離婚了。我今天之所以來，是希望妳能從各方面多了解他，多多幫忙他。他的性格很自大，誰的話都聽不進去，不到萬不得已，他不會來做諮詢。」

M確實如妻子所說，是個特別固執自我的人。

表面上他很配合諮詢，每次諮詢都提前到達工作室，但實際上他非常焦躁，給人的感覺是一直懸吊在半空中，很難沉下心來，安於此時此地。儘管我已告訴他沒有什麼靈丹妙藥，他仍然幻想能求得一個效果又快又好的方法，來幫助他擺脫憂鬱，以早日重返工作崗位。

M常常談起令他驕傲的成長經歷，尤其喜歡提到他的父親。他父親一輩子為人謹小慎微又心氣甚高，自己鬱鬱不得志，就把改變家族命運的希望寄託在兒子身上，而從小成績優異的M，是幾個兄弟中最令父親另眼相看的孩子。

他內化[25]了父親的這份期望，並把它當作自己全力拚搏的動力。從小到大，他不是一個人在奮鬥，不是為他自己的夢想而奮鬥，而是為了父親的願望和家族的期待而奮鬥，這使得他的奮鬥沉重又悲壯。他回憶說自己其實從未放鬆過，永遠一個目標緊接著一個目標，一直處在焦慮中，並未體會過收穫的喜悅。

天道酬勤，他的努力終於換來世人眼中成功的人生，這給了他一種全能的感覺，覺得自己特別強大、特別自信，彷彿沒有他達不成的目標，沒有他做不到的事情。所以，他骨子裡決不接受自己會憂鬱，對他而言憂鬱是他從未經歷過的巨大的挫敗，一向要強的他怎麼肯承認自己受到挫敗了呢？

他說自己在家休息的這些天，想了很多很多，這些年自己的確透支太嚴重了、太累了，所以才會暈倒，他認為這沒什麼要緊的，休息一段時間就沒事了。

有一次諮詢結束時，他感覺很有信心，對我說：「王老師，我一定會戰勝憂鬱，我決不會讓妳失望的。」

這話讓我有了隱隱的擔心：他不想讓我失望，就像不想讓他父親失望一樣。他的這個表態，又把他自己帶到另一個壓力中去了。

這個念頭剛一閃現，他早已旋風般離去了。

＊＊＊

25 指個人將別人或外在社會的觀念、態度、價值等轉化成自己內在的心理特質或人格特質的一部分。

再來的時候，M情緒低落，神情憂傷，無力的癱坐在沙發上，好幾分鐘才開口說話：「這段時間我努力想振作起來，但是都失敗了。我越想快，身體就越不爭氣，整個人像垮掉一樣，什麼都不想做，就想躺著不動、想哭，每天都睡不著覺。我特別害怕手機鈴響，之前我還在微信群組裡和大家討論工作上的事情，現在我把所有工作群組的提醒都關了，不敢繼續看他們談工作，本來我跟公司說很快就能回去上班的，但以我目前的狀態根本沒辦法去上班。」

更令他痛苦的是，他從未有過在家裡待這麼長時間的經歷，這一閒下來，不光他自己抓狂，妻子和女兒也很不適應。原本他想利用這段時間好好陪陪孩子，但孩子見他能躲就躲，這令他非常失落，把這一切歸結為自己對妻兒的嚴厲和冷漠。

過去他認為妻子不工作，就應該好好打理家、照顧孩子。對孩子，他要求學習成績必須好，除了對家人的要求，對她們的陪伴、交談幾乎為零。在家裡的這段時間，他終於發現，自己除了在工作中的角色還算稱職之外，生活中的其他角色都很失敗。

對很多工作狂來說，一旦不能再工作，往往會陷入巨大的痛苦、迷茫之中，因為離開工作中的角色，他**往往困惑於自己還能是誰，自己在生活中還能承擔什麼樣的角色**。

我：「所以憂鬱就像一次機會，讓你看到了以前從未看到的東西。」

他：「是的，這次我在家待久了才發現，其實我妻子很不容易，一個人要撐起一個家，每天煮飯接送孩子，從早忙到晚，而我想幫她做頓飯都做不好……。這麼多年我欠她們的太多了，我很內疚、很難過，為什麼過去對她們那麼嚴厲，要求那麼高？」

我說：「對別人嚴厲的人，往往對自己更加嚴厲。」

這話讓他眼眶一紅：「我對自己確實挺狠的，為了工作可以幾天不睡覺，從來沒有好好坐下來吃頓飯，甚至沒有好好洗過一次臉。每天早上都是抹一把臉就走，我不敢讓自己停下來，一閒下來就渾身難受，公司的人都說我走路帶風，叫我拚命三郎……。也許我真的病了，只是一直心存僥倖，這次我下決心了，一定要好好配合治療，請妳告訴我，第一步我要做什麼？」

我說：「**放棄和憂鬱對抗，允許自己跌落到谷底。**」

＊＊＊

接受自己的憂鬱，對許多人而言，是悲傷也是解脫，M也不例外。

悲傷的是，必須去接受和面對自己的挫敗與無能為力。

解脫的是，承認自己真的病了，很多事都做不了了，人會鬆快一些。

當M展現出柔軟無力的一面，妻子和女兒反而更靠近他，更關心他了，這讓他看到了她們對他的愛，這無疑是莫大的安慰。曾經事業狂的他過起了居家生活，每天和妻子一起買菜煮飯，接送孩子，早晚和妻子散步談心，週末一家三口去郊外或公園玩，一家人從未如此親密過，他充分享受到家的溫暖。

有時他也很焦慮，擔心自己如果一直是這個狀態，什麼都做不了怎麼辦，妻子總是耐心安慰他，說：「大不了就不工作了，先把狀態調整好再說，實在不行我去工作，或者把目前我們的大房子賣了，換個小房子，生活壓力會小很多。」

感動於妻子對他的這份愛與包容，他暗地裡哭了好幾次。

他說，過去他一直覺得家人對他好是因為他有能力、有本事，能給她們好的生活，但現在他才知道，**無論自己怎麼樣，家人都會愛自己**。

在憂鬱面前，一向爭強好勝的他學會了妥協，而且是不斷的妥協，表現在心理上的變化：從之前急於返回工作崗位，到可以調換輕鬆點的崗位，到只求能正常工作就行。他內心已做了最壞的打算，接受了可能會出現的最糟糕的情況，這份面對和接受反而讓他不再恐懼，不再緊張，漸漸放鬆下來。

神奇的是，當他可以放鬆的時候，他身邊的人也放鬆了。

他說：「之前我不理解妳說的『每一個症狀都有它的意義』這句話，現在我深有體會，妳說得對，也許我應該感謝憂鬱，憂鬱讓我從過去焦慮的狀態中停了下來，憂鬱讓我發現了家庭的重要，憂鬱讓我去反思，到底怎麼生活才是健康的、有價值的。」

＊＊＊

但凡憂鬱的人，內在往往有一個嚴厲的自我。

那個嚴厲的自我，對自己有太多的不允許：不許不完美、不許不努力、不許不成功、不許脆弱，不許放輕鬆，不許偷懶享樂。

長久的自我壓抑，必然帶來潛意識的反抗。

憂鬱，就是一種反抗和表達。

很多身心問題的發生，來自我們和自己的較勁和對抗。一個人的外在是內在的投射，如果不能從內在化解自己與自己的對抗，自己與自己的矛盾、衝突，我們的外在就很難通透順暢。

然而，**了解自己，面對自己，接受自己，不是一件容易的事**。所以德國詩人赫爾曼．黑塞（Hermann Hesse）說：「在世上，最讓人畏懼的恰恰是通向自己的道路。」

與自己和解，是人生最重要的智慧和成長，尤其人到中年的時候。我們若能與自己和解，就能與他人和解，與世界和解。

我常對來訪者說：「憂鬱的確有很多壞處，但我們要學會認識憂鬱，感謝憂鬱，憂鬱在以它的方式提醒我們要如何關愛自己。」

就像M，身心在長期的忙碌和焦慮中已漸趨崩潰，是憂鬱逼他停了下來。於他而言，憂鬱是一個警告，同時也是一種保護，不但保護了他，還保護了他的家庭和婚姻，就像他妻子說的，如果不是他病了，他們可能就分開了。

最初他一直否認自己憂鬱，一直抗拒，但越想擺脫憂鬱，憂鬱就越如影隨形跟著他。只有當他接受自己的憂鬱，接受自己的脆弱與無助，學習與內在嚴厲的自己和解，才開始進入真正的療癒過程。

經過幾個療程的諮詢，M的狀態越來越穩定，憂鬱量表測試憂鬱狀態由中度轉為輕度，這意味著他可以重返工作崗位了。

最後一次諮詢，M對我說：「最近我開始品嚐到食物的香氣，每天早晚可以認真的洗洗臉，每天都跑跑步；週末和女兒一起玩，我們去數一數公園的臺階有多少級，看看那些花草植物都叫什麼名字……。過去的我麻木機械，就像妳說的，**一直在負重奔跑，從沒有停下來過，去感受生活細節之美**……謝謝妳，以前我不相信說話就能治療，現在我信了，在諮詢中我看見了真正的自己……。」

這真是，詩一般的語言。

治癒你

被診斷為憂鬱症的人，大多有一個不服：為什麼憂鬱的是我？

越是抗拒自己憂鬱的人，越不容易進入真正的治療。只有接受憂鬱的現狀，接受自己的脆弱與無力，接受自己的做不到，並了解自己為什麼會憂鬱，並能勇敢的去面對憂鬱，才是真正走向療癒的開始。

人生最重要的一堂課：越禁忌，越危險的「性」

死亡與性，是大多人忌諱談論的話題。

越是禁忌的，往往越重要。

＊＊＊

幾個月前一位同行給我推薦了一個案例，同時提醒我：「這個諮詢不太好做，來訪者很挑剔，已經找了好幾個諮詢師，她都不太滿意。」

第一次見這個來訪者，她給我的印象是謙和有禮、小心謹慎，偶爾從她緊繃的身體和凌厲的眼神中又讓人感到某種牴觸和戒備。

起初她是為兒子的網路成癮問題來的，慢慢的談論更多的是她自己的生活。隨著諮訪關係的穩定，明顯感覺她在不斷放鬆和調整，狀態比剛來時好了很多，但我總有一種感覺，覺得有些重要的話她沒有說出口。

有一次諮詢中她又談起兒子時，我說：「妳一直強調自己很愛兒子，但每次提到他妳的表情又顯得很糾結？」

她愣了一下，說：「能說得具體一些嗎？」

我說：「每次提到他，妳都會皺眉頭，嘴角往下撇，眼睛看往別的地方。」

她沉默了，在沙發上扭了扭，過了一會兒終於鼓起勇氣對我說：「妳說得沒錯，有件事壓在我心底很久了。」

她眼裡的兒子，從小到大品學兼優，是她和家人的驕傲，她像養護幼苗一樣精心照顧兒子飲食起居，且全家人都得配合。兒子學習、寫作業時，家裡人都要噤聲，不能看電視或大聲說話。兒子也非常聽話懂事，直到高一的某一天，一切都改變了。

那一天晚上，以為兒子在房間裡讀書的她想給他送點水果進去，輕輕推開門的時候，她發現兒子正在一臉陶醉的自慰，那一刻她驚呆了，天旋地轉般的眩暈。兒子純潔乖巧的形象頓時在她心裡崩塌了，極度震驚之下，她已回憶不起自己是怎麼轉身把水果倒進垃圾桶，怎麼開始咒罵下流胚子的。

那之後她看兒子、兒子看她，感覺已完全不同。

她不許兒子再關上房門，兒子自然不聽。他關門，她過去踢開，他再關，她再踢。他鎖上，她撬開，門鎖弄壞好幾個，弄得家裡人都莫名其妙。兒子自慰的事她還誰都不說，包括她老公。母子倆突然反目成仇成為家中一大謎團。

被媽媽撞見自慰又被辱罵且每天都被吵得不得安寧的兒子，出現失眠、頭暈等症狀，上課無法集中注意力，學習開始走下坡路。為了轉移痛苦，他迷上了打遊戲。當媽的又氣又急，母子衝突一再增加，兒子乾脆離家去網咖玩遊戲，她則整個人都垮掉了……。

這是兒子的問題嗎？這是作為媽媽的她，對性知識缺乏了解，自身對性有強烈的排斥和羞恥心理造成的（她的婚姻問題也與此相關）。如果她對性有正確的認知，能正確婉轉的引導兒子（當然，由老公教育引導兒子也可以），事情不會發展到這一步。

＊＊＊

我曾接到一個求助電話，是一個江蘇的高二男生打來的，他說的第一句話就令人警覺：「老師，妳的回答將決定我的選擇！」

這個男生是住校生，在宿舍第一次發現自己遺精時嚇得要死，不敢跟任何人講，怕別人認為他下流。後來他開始手淫，常常一邊享受快感一邊譴責自己，覺得自己變得好壞，好不要臉，好對不起父母啊。於是，他決定戒掉手淫的習慣，誰知越想控制自己的慾望越控制不住，有時一天手淫六、七次，身體日漸消瘦，精神萎靡頹廢，巨大的心理壓力和自我責難令他不堪重負，已到崩潰的邊緣。

我認真告訴他：一、每個人都有性慾，這很正常，這是一個人長大成人的標誌；二、用手淫的方式釋放性能量也是正常的，不必羞恥，在沒有性伴侶或其他安全管道解決性慾時，手淫的方式是最安全的；三、目前你的身體狀況確實和手淫次數偏多有關，需要調整，一般以身體不疲累、無不適感、不影響健康與活力為標準；四、學會轉移注意力，培養一些興趣愛好，課餘時間多參加運動強度大一些的體育活動。

那孩子在電話裡長長舒了一口氣，說感覺自己如釋重負。

我問他，之前說的我的回答決定他的選擇是指什麼？

他說：「如果妳說我這樣子不正常，我會去了結我的生命。」

＊＊＊

我一個朋友跟我講她和兒子的一次對話，讓我想起來就想笑。

她兒子初三時有一次參加了學校單位的性教育觀影活動，那部片子從男女性愛、懷孕、胚胎發育開始，全方位詳盡解讀了孩子到底是怎麼生出來的。她兒子如獲至寶，一回家就跟她說：「騙子，我不是你們在垃圾桶撿的！」

她當時就很尷尬了。

然後兒子用怪怪的眼神看她：「妳，也跟我爸做過那事？」

她竟莫名的心虛，辯解道：「我們做那事，是為了生你啊！」

兒子說：「倒也是。那生了我以後，你們還做那事嗎？」

她趕緊說：「沒有了。生了你就沒有了。」

兒子說：「我不信，說真話。」

她含混不清的說：「也有，偶爾吧，很少的……。」

那小子的眼神頓時充滿鄙夷：「啊？真是難以想像，你們，咦……。」

＊＊＊

臺灣作家林奕含因走不出被老師性侵的陰影而自殺，也暴露了在她年幼無知時，其家長性知識的匱乏，以及沒有給到她正確的回應和真正的關愛。

第一次被強暴後，十三歲的她神思恍惚，回家後試探著向媽媽求助：「我們的家教什麼都有，就是沒有性教育。」

她媽媽一句話堵住了她的嘴：「性教育是給那些需要性的人的。」

第二天，林奕含忍不住又試探媽媽：「有個老師喜歡上了我們班一個女生……。」她媽媽說：「女生不勾引，老師怎麼會找她。」

求助無果，林奕含痛哭兩個晚上，決定強迫自己去愛上老師。

真是令人悲傷的無助。

死亡與性，是太多人忌諱談論的話題。越是禁忌的，往往越重要。

在孩子心裡，老師、家長等長者意味著權威。權威的話，有時真的會影響孩子一生的幸福。

有些事情，作為權威不懂的話，可以先不回應孩子，可以先嘗試自己去了解清楚，或者請教專業人士之後，再去回應孩子。

這才是對孩子負責任的態度。絕對好過敷衍應付和自以為是的回答。

治癒你

越是被禁止談論的，越充滿了誘惑。

死亡與性，是大多華人父母忌諱的話題。但這些教育對孩子來講非常重要，很多悲劇的發生往往來自孩子對禁忌的無知與恐懼。為人父母最重要的功課，是自己先理解和接受那些禁忌。

你給的不是愛，是綁架

我們自己心中沒有愛的時候，
是沒有辦法為別人付出愛的。

＊＊＊

一年前見到她時，她是一個七歲男孩的媽媽，來諮詢是因為家庭衝突到了無法調和的地步，導致她失眠、憂鬱、焦慮，情緒很不穩定。當時我給她的建議是長程治療，她也答應了，來過幾次後她聲稱自己實在太忙，漸漸中斷了諮詢。

今年她突然又出現了，一見我就哽咽落淚：「老師，我得了癌症……。」

這話把我嚇了一跳，再仔細看看她，身形消瘦虛弱，一臉的蠟黃病容。

她說：「過去我總有僥倖心理，覺得生活怎麼樣都能過，熬一天算一天吧，直到得了乳腺癌，才讓我下定決心，一定要來面對自己的問題。我心裡很清楚，我這個病是氣出來的。我根本不該得這病，我還這麼年輕啊。」

說著說著她放聲痛哭起來：「我自己得病也就算了，現在我很害怕，我兒子也有問題了。他變得性格孤僻，不愛說話，不跟人往來，也不願去上學，天天就在家待著，老師讓我們帶他看心理醫生。」

因為之前知道她的一些情況，我不由得在心裡輕歎了一聲。

＊＊＊

她決定要孩子的時候已經三十二歲，生孩子之前，她和老公的兩人世界平靜幸福，兩人感情非常好。

生孩子後，她媽媽從老家來北京照顧她，媽媽的到來，把她以往的平靜生活徹底打亂了。

從有記憶起，她印象中的媽媽就不是一個快樂平和的人，總是拉著臉一副愁苦不高興的樣子，從小她就習慣了要小心翼翼、想辦法哄媽媽開心。後來，她考上大學來到北京，和老公相識、相愛、結婚，兩人世界的自由生活，差點讓她淡忘了和媽媽在一起生活是什麼樣子。媽媽的到來，重新喚起了她記憶中那些熟悉的生活場景。

她媽人還沒到，她心理上已經反射性的進入了緊張狀態，千叮嚀萬囑咐老公一定要小心謹慎、嚴陣以待。因為媽媽是個非常固執、認真的人，動不動就為一句話嘔氣，甚至通宵思慮、茶飯不思，她很怕這樣的情景再次出現。

她自認為和媽媽的相處中，她和老公已經足夠小心，結果還是處處不合拍。後來她終於發現，媽媽的到來可不是幫忙照顧孩子那麼簡單，她媽媽簡直就是來重新規畫、改造、顛覆她的生活的。

她媽第一個改造的對象是她老公。

她老公回家後有全部房間開燈的習慣，無論當時手頭正在做什麼，她媽總能神不知鬼不覺尾隨其後，女婿一路把燈開到哪，她就一路關到哪，嘴裡還念念有詞：「也是窮苦孩子出身的，怎麼這麼不會省。」

她跟她媽說：「別把燈關來關去，這樣反而縮短燈泡壽命。」

她媽說：「我不是為你們省嗎？怎麼這麼不知好歹。」

她媽來家裡之前，她老公喜歡進廚房煮飯燒菜，但她媽一到，首先占領的就是廚房重地，而且很誇張的表達了種種不滿：抽油煙機多久沒洗啦？碗筷怎麼能放在外面？竟然沒有消毒液？

只要她老公進廚房，她媽總會快快跟進去一路監督、指手畫腳：火別開太大，順著鍋邊倒油、別灑到地上，碗瀝完水再堆放一起，一定要隨時清洗餐具……。

每次都弄得她老公不勝其煩，有時兩個人還在廚房裡為某些無關緊要的瑣碎細節爭得不可開交，她在外面聽得頭皮發麻、心裡發慌，生怕老公會失控。

她老公很注重生活品質，什麼都要買品質好的，這也招來她媽的不滿：過去的窮孩子忘了本了，長得不怎麼樣還挺會享受……。

吃飯是她最為難的時候，她早已注意到，一吃飯她媽就會暗暗觀察她喜歡吃哪個菜，一旦看她多夾了哪些菜，她媽幾乎就不再去碰。她老公哪裡知道她媽還有這些小心機，很自然的埋頭照吃不誤，這一點最為她媽所不齒，好幾回偷偷跟她說：「妳和小寶（她兒子）喜歡吃的，我寧肯不吃也要讓你們吃，不像有些人真自私，只顧著自己猛吃。」

這些話她每次聽來心裡都很不是滋味，她不知道自己是該為媽媽的無私而加倍感恩呢，還是要難過的痛哭一場。

她老公工作繁忙，總有一些推不掉的應酬，要是哪天很晚還沒回來，她媽就會在家嘀嘀咕咕抱怨：「不知道自己有老婆孩子啊，吃個飯怎麼可能吃那麼久？」

甚至她媽還偷偷問她：「妳說那誰（她老公名字）會不會在外面有女人了？妳得把錢管好了，別讓他手裡有太多錢啊。」

那些來自媽媽細細碎碎的嘮叨和暗示，就像迎風飄散的蒲公英一樣無處不在的彌漫在她的世界，讓她心情越來越糟糕。從小她就是個習慣討好媽媽的孩子，媽媽看不慣的人和事，她自然也要附和一下。時間一久，她習慣了凡事站在媽媽的角度，用媽媽的眼睛去看自己的老公，果然越看越不順眼，越看越覺得問題很大：這個男人怎麼這麼多毛病，過去我怎麼沒發現呢？

她也開始挑剔老公，對老公有各種限制和要求，終於有一天，一向隱忍克制的老公開始跟她嚷嚷：「妳怎麼變得跟妳媽一樣了？」

家裡煩惱太多，老公學會了逃跑，越來越不愛回家，動不動以出差、加班來逃避衝突。她生氣，指責他不顧家，他反擊，說她太霸道，兩人吵架漸成家常便飯，以往的恩愛彷彿已成往事。最要命的是，她媽還常常參與到他們的爭吵中來，幫著女兒罵女婿，很多時候夫妻單打最後變成了夫妻岳母混合打，每次都鬧得雞飛狗跳，難以收場。

除了夫妻倆吵架，她媽有時還直接指責女婿，姿態強硬的和女婿爭吵。這個時候，夾在中間的她真是左右為難痛苦不堪，每一次吵架，大多以她幫著媽媽指責老公宣告結束。

諸如此類的事情數不勝數，身處其中的每個人都煩躁疲憊、情緒焦慮。她常常覺得，這日子是過不下去了。

平常人家的生活，哪裡經得起如此經年累月的磨損與消耗。

＊＊＊

她老公後來提出了離婚，說這樣的日子他早就受夠了。

傷心震驚之餘，她提出兩個人好好談談。這麼多年來，她和老公第一次態度平和的交談，第一次認真聆聽了老公的心聲，才發現他心裡積壓了太多憤怒與不滿，還有很多委屈怨恨，站在老公的角度，她深深的理解了他。

她對自己進行了反省，認為自己在處理老公和媽媽的關係裡沒有分寸和界限，多年來只顧著一味討好、順從媽媽，忽略了老公的存在與感受。由於和老公關係不好，連孩子也深受影響。為了討好她和外婆，兒子離爸爸很遠，甚至拒絕爸爸跟他親密。

醒悟到這些，她傷心得落淚不止。

那天跟老公談完後回到家中，她推開門，屋裡照舊一片漆黑，她媽就坐在黑暗裡打著盹，她在心裡歎氣，知道她媽的習慣是一個人在家絕不開燈，等有人回來了再開的。

她把燈打開，她媽驚醒過來，對她說：「我給妳買的山竹，特別新鮮，就是太貴了，這麼點就五十多塊，我都沒捨得吃。」

那一刻她突然控制不住的爆發了：「妳為什麼捨不得吃，我們生活有很困難嗎？是我給妳的錢不夠花嗎？是我們家吃不起嗎？妳為什麼總是要苛刻自己，總是要讓我們覺得欠妳的，妳以為妳不吃，我們就吃得下去嗎？」

她媽目瞪口呆：「妳這是哪門子的發瘋？」

她已經停不下來了：「妳不是一直奇怪家裡買一點點東西都吃不完，妳知道是為什麼嗎？因為妳買得太少了，我們都不好意思吃，互相推來讓去，最後反而剩下了……。」

她媽也急了：「我一片好心為你們省，倒招來這番抱怨，狼心狗肺的東西。」

她繼續聲討：「我們收入這麼高，需要妳來省嗎？看看我們的日子過成了什麼樣，妳這也捨不得，那也捨不得，妳以為這樣就會感動我們嗎？告訴妳，我早就煩死了，這是我的家我的生活，不需要妳來替我省，不要降低我的生活品質，也不要告訴我妳是在為我好，妳要是真的為我好，請妳先對妳自己好一點。」

那次爆發就像打開了潘朵拉的盒子，她由之前的隱忍發展到動不動就失控喊叫，每次爆發的時候，她媽和老公都嚇得不敢言語。她悲哀的發現，這一招還挺管用的。

＊＊＊

不久之後的體檢，她查出來得了癌症。經歷了最初的悲痛欲絕後，她內心反而有輕鬆的感覺。她知道自己長期情緒惡劣、壓抑，得病是情理之中的事情。最悲觀的時候，她甚至覺得這病也不用治了，就這麼拖著，直到拖死自己，來個澈澈底底的解脫。

生病原本是件壞事，但生病還有一個令當事人獲益的好處：一個家庭倘若有人生病了，所有人的注意力都會從之前的衝突爭端中來個大轉移。就像她家，因為她病了，所以岳母和女婿的戰爭停止了，老公不再提離婚了，全家團結一心，給了她細緻周到的照顧和前所未有的關愛。

從某種角度講，這個生病的人做出了犧牲，這個人實在沒有辦法和能力去面對衝突，只能用生病來表達痛苦，用生病來換取家庭的和諧。

隨著治療的進行，她的病情漸趨穩定，但新的焦慮又滋生出來，她很擔心以後的生活會怎麼繼續下去，尤其是兒子的問題。由於家裡老吵架和她的生病，孩子嚴重缺乏安全感，性格孤僻膽怯，哪裡都不願去，只想待在家裡守著媽媽。這讓她非常焦慮，她知道家庭關係的失調已經嚴重影響到孩子了。

她說：「我比較開心的是和老公關係變好了，我們現在交談多了，什麼話都可以敞開說，我也不再挑剔他。我媽也有一些改變吧，沒那麼嘮叨了，和我老公關係緩和了不少，但我還是覺得壓力很大，不知道哪天又會因為什麼事情爆發，有時我甚至會有一些大逆不道的想法。」

我說：「什麼樣的想法，會讓妳覺得大逆不道？」

她說：「我覺得**我媽其實誰都不愛，她也不愛她自己**。一個人對自己都那麼苛刻，怎麼可能去愛別人呢？這些日子我也在想，如果我媽真的愛我，就應該尊重我的老公，而不是處處貶低他。她每次貶低他的時候，我都很生氣，我覺得她也在變相的貶低我，就像在說我的眼光不好，找的男人很差勁，雖然我認為我老公已經很優秀了。」

她媽媽若能聽到女兒的心聲，不知會作何感想。

＊＊＊

每一個孩子的生命皆由父母所賜，尤其懷胎生養的媽媽很辛苦，但父母一定要明白，生養孩子是自己的選擇，不能因為給了孩子生命就自以為對孩子享有絕對的使用權和掌控權。

孩子是你生的，但並不屬於你。

經歷了最初的親密依戀階段之後，隨著孩子的長大，父母學會放手、保持適當的距離、尊重孩子隱私和空間，方為家庭最好的相處之道。為人父母也要不斷成長、覺察、改變，盡量不把自己糟糕的情緒和命運模式複製給孩子，這不是孩子應當承受的。

尤其是媽媽，不要用所謂的犧牲和付出去控制家人和孩子，去換取自己在家庭中的地位，更不能打著「我是為你好」的名義，理直氣壯的入侵孩子和家人的生活空間。

不僅止於母女父子關係，**任何關係裡一旦有了過度控制和誰欠了誰的感覺，都會帶來怨恨與隔膜**。

生活中常有這樣的情形，幾乎為孩子付出了所有的父母，有時卻被孩子指責「**你根本就不愛我**」，父母失望傷心之餘，不妨認真想一想，也許孩子表達的感受是真實的。

我們自己杯子裡沒有水的時候，是沒有辦法給別人倒出水來的。

我們自己心中沒有愛的時候，是沒有辦法為別人付出愛的。

很多事情都可以說謊，但愛與痛苦不能，那是一個人內心最真實的部分。

很多媽媽問：「到底怎麼做才是愛孩子呢？」

想要更愛孩子和家人的媽媽，**不妨學著「自私」一些，先對自己好一點，把自己的生活過**

好。一個人只有自己活得舒坦自在了，心理上才會平衡，才不會有那麼多怨氣，與親人或其他人相處的時候，才能保持快樂平和的情緒，營造溫馨融洽的關係氛圍。

治癒你

真正愛子女的父母，在子女成人之後會懂得放手。

過多摻和子女的生活，以愛的名義行控制之實，是父母自私無能的表現。

親密關係中，一旦有了自以為是的犧牲和付出，有了誰欠了誰的感覺，就容易滋生怨恨與隔膜，嚴重的會導致家庭破裂，自己和家人身心健康出問題。

對自己都不好的人，不可能對別人好

真正的愛是：我自己很重要，我對我自己很好。

在這個基礎上，我心甘情願對別人好，

這樣的好裡面沒有委屈，沒有計較，沒有期待。

＊＊＊

親人之間有一個現象很奇怪又很無奈，那就是，我們分明共處一室離得很近，卻有很多心裡話不能痛快淋漓的說出來。

一些來諮詢的人，比如夫妻、父子、母女，面對彼此很多話無法表達，會分別跟諮詢師講，潛意識裡希望諮詢師去替他們表達，或者希望幫助諮詢師更理解他們之間的關係。

很多時候，諮詢師成為連接雙方的仲介和橋梁。

＊＊＊

一位二十八歲的女子跟我做了很久的諮詢，某天她跟我說，她媽媽想來見我。想來的原因有二，一是好奇想看看女兒的諮詢師長什麼樣；二是她個人對母女關係存有一些疑問，也想來諮詢一下。

一般情況下，一家人的諮詢建議分開做，但如果為了配合來訪者的諮詢需要，且雙方都同意，親人可以參與進來。

事實上，我對這個女子一直向我傾訴的煩惱感到好奇。因為在她的敘述裡，她媽媽為她付出了很多很多，但她依然感覺不到愛，甚至有時會感覺到某種壓力和畏懼。

她媽媽給我的第一印象，和來訪者談到的不太一樣，來訪者言談中強勢能幹的媽媽，分明是個溫文爾雅、知書達理的人。有趣的是，這個媽媽心中的疑惑和女兒驚人的一致，她也覺得儘管自己付出了很多，但女兒似乎並不領情，情感上跟她也越來越疏遠，她懷疑女兒並不愛她。

問題到底出在哪裡呢？

來訪者從小到大是在母親全心呵護中成長起來的，媽媽很能幹，把家照顧得很好，好吃好喝好穿的都先滿足女兒，對自己卻很吝嗇苛刻，從小家裡人常對她說：「妳看妳媽多愛妳，妳要懂事聽話，要對得起妳媽。」

她也的確懂事，學習刻苦，乖巧溫順，生怕稍有不慎惹媽媽傷心，因為覺得媽媽太無私、太偉大了，自己怎麼做都是不夠的，她習慣了一直用各種方式去討好媽媽。

因為聽話，她直到大學畢業工作以後才開始談戀愛，沒想到就是這場戀愛，讓母女間的感情第一次有了裂痕。

她和男友感情很好，但媽媽堅決不同意，嫌對方家庭條件不好。她生平第一次違背媽媽的意願，堅持自己的選擇，媽媽軟硬兼施、明裡暗裡各種阻撓破壞，母女間很多衝突因此而起，媽媽還指責她：「妳變了，變得不聽話了。」

這場不被祝福的戀愛談得彆彆扭扭，最後以分手告終。

她媽媽說：「我能為我女兒捨去性命，那個男的能做到嗎？」

女兒最不想聽的就是這種話，媽媽越向她強調對她有多好，她越覺得難受，甚至反感。她覺得自己在以違背自己意願、犧牲自己幸福和快樂的方式去滿足媽媽，這令她非常痛苦。母愛就像沉重的枷鎖，讓她透不過氣來。她開始懷疑媽媽的無私付出背後，其實是想要更多的掌控權和話語權。

她對媽媽說：「妳能不能多關注自己，不要老盯著我。」

媽媽很受傷：「我處處為妳著想，難道錯了嗎？」

媽媽之所以傷心，是因為她心裡有一個邏輯：我這麼辛苦，寧可虧待自己，也要拚命對你好，你就應該聽我的，不要讓我失望，不然你就是不孝順、不感恩。

女兒更委屈：「越是接受我媽的好，我越覺得欠她的。我寧可我媽自私一些，為她自己活，也許我的壓力就沒這麼大了。」

＊＊＊

另外一位來訪者，因丈夫出軌來做諮詢，那是她最痛苦的時候，丈夫鐵了心要離婚，她明知和好無望，還是死活不肯放手，說非拖死他不可。鬧到最後，已經無關情感，更像是在較勁了。

為什麼較勁呢？因為她不甘心。

她說，她對他的付出，他拿幾輩子也還不完。

他們相識相愛於微時，從一無所有到身家豐厚，即便最困難的時候，她也盡量想要維持一個男人的體面，吃穿用度在能力範圍內盡量給他最好的，她自己則捨不得吃、捨不得穿。這種習慣在經濟狀況好轉之後仍然延續著。

老公心疼她，總勸她要學會享受生活，去買點奢侈品、做做身體保養或出國旅遊之類的，她都不聽，她覺得自己不需要那些所謂的享受，能待在家裡陪伴老公孩子就很滿足了，直到有一天，她發現了老公的外遇。

說來心酸，一向捨不得為自己花錢的她，花了很多錢找人跟蹤老公。

傳遞回來的消息一個比一個令人震驚，老公的外遇已是事實，他不但給那個女人買了房、買了車，而且那個女人還懷了他的孩子。

最後一個消息澈底擊垮了她。她知道自己這樁婚姻保不住了。

她跟老公攤牌，老公提出離婚，她打他、罵他，用最難聽的話羞辱他，他都忍了，在她最抓狂、最過分的時候，他說：「看在過去妳對我好的分上，妳怎麼對我，我都接受。」

兩個人心裡都明白，她對待他的種種惡劣言行，已漸漸磨損、抵消了她之前的那些好。

她終於累了，覺得沒意思，同意離婚。

辦完手續，兩個人一起去吃最後一頓晚餐。

平靜溫馨的氛圍裡，她問他：「你還有什麼想對我說的嗎？」

他愣怔一會兒，突然哽咽了：「我一直希望，妳能對妳自己好一點。」

這話令她淚流滿面。

她對我說：「我知道我的婚姻為什麼會失敗了，我不愛我自己，其實我也不太愛他。」

多麼痛的領悟。一個不愛自己的人，不可能真的去愛別人，也不可能真的得到別人的愛。她後來理解了老公，甚至原諒了他。

反觀他們的婚姻生活，她一直以犧牲者和付出者的角色自居，以為自己賢淑能幹、會過日子是美德。但對丈夫來講，他再能幹，賺再多的錢，也無法從她那裡獲得肯定和認可，因為她的生活品質並沒有因為他的努力而改變，他還不能責怪她什麼，這於他無疑是一種否定和挫敗。

＊＊＊

美國心理學家萊斯．巴巴內爾（Les Barbanell）曾經說過：「極端無私是一種用來掩蓋一系列心理和情感問題的性格特徵。」

簡言之，就是**極度的去取悅他人**。

有這種性格特徵的人，**往往自我價值感較低**，習慣把自己放在不重要的位置上，在關係中一味的付出，且看上去不求回報。天長日久，會讓身邊的人漠視、忽略他的存在和感受，這種現象在親子、戀愛和婚姻關係中較為常見。

在關係中無私奉獻到失去自我的人，大多心懷怨恨和期待，**這個怨恨和期待就是一種控制，會讓身邊的人感到窒息和愧疚**。

這一點往往會在翻臉的時候充分體現，關係破裂時，如果一方對另一方施以各種報復、責罵和詛咒，一般都是付出的那個人心理不平衡，以此來宣洩。

習慣付出的人，除了占據更多的話語權和控制權，**潛意識裡還想要更多的愛和回報**。尤其是夫妻之間，付出越多的那個人，越容易身心俱疲、患得患失，一邊付出一邊擔心自己的付出是否會化為泡影；另一方呢，一開始會感恩或討好對方，時間久了會很累，因為看上去付出的那個人無欲無求什麼都不要（其實可能想要的更多），無法知道對方的底線到底在哪裡，怎麼做才能真正滿足對方，或者怎麼做好像都不夠。這樣的夫妻關係，已經失去了平衡。

真正的愛是什麼？

真正的愛是：我自己很重要，我對我自己很好。在這個基礎上，我心甘情願對別人好，而這樣的好裡面沒有委屈，沒有計較，沒有期待，是自然而然的發生，是令雙方都愉悅和放鬆的一種狀態。

治癒你

對自己都不好的人，不可能對別人好。

極度取悅、討好別人的人，往往自我價值感較低，習慣把自己放在不重要的位置上。這樣做的後果是，你自己看不起自己，別人也看不起你，會忽略你的所有的付出與犧牲，甚至忽略你的存在。

我一直以為，這世界是圍著我運轉的……

「都是你們不好，你們讓我失望了。」

＊＊＊

一位曾跟我做過幾次諮詢的男來訪者，某天突然發來短信，問能否請我吃飯。

我問他，為什麼要請我吃飯。

他說：「我覺得坐在諮詢室裡太嚴肅了，我們的諮詢能不能換一種方式，比如，我經常請妳吃個飯，喝個咖啡，我們在輕鬆愉快的環境裡聊聊天，交流溝通，這樣多好。」

我：「這樣的方式不是諮詢。」

他：「難道我們只能有諮詢關係嗎？就不能交個朋友嗎？」

我：「恐怕我做不到，這違背了我的諮詢原則。」

他：「沒事的，我沒有問題。妳平常哪個時段方便？」

我：「我沒有方便的時間。」

他：「沒關係，我有的是時間。」

哭笑不得的我，被他嚇到了。

回想起來，他來諮詢的原因恰恰就是現實中各種人際關係的挫敗。挫敗的根源是：他總是沉浸在自己的世界裡，看不到也聽不到他人的表達，很難與他人完成真正意義上的交流與溝通，導致自己在生活中處處碰壁。

他在諮詢中也呈現了同樣的狀態，很多時候我說的話，他完全置若罔聞，而且，他絕不是故意的。

我很理解他，我知道他的這個狀態，並非與生俱來。

＊＊＊

前不久，很多人被一位安徽女子用身體攔高鐵等老公上車的視頻給嚇傻了，無論列車工作人員怎麼勸阻，也不管車上的人如何抗議「影響了大家」，那名女子始終緊抓車門扶手不放。很多看了該視頻的人，表示被如此無視規則和公眾利益的行為氣炸了。

沒過幾天，比攔高鐵更厲害的人來了。

一位男子打電話給南京鐵路公安處：「麻煩你們給列車長通知一下，能不能稍微等我一下，我二十分鐘就到。」

接警員好聲好氣解釋道：「火車屬於公共交通工具，車廂裡還有更多的旅客，他們需要準點到達目的地，所以你的要求，我們沒有辦法滿足。」

男子一聽就怒了：「我只能搭這班車，我車票都買了。我趕不上，經濟損失你來賠嗎？」

接警員都給氣笑了，還要繼續跟他解釋。

男子卻不依不饒：「不是說有困難找員警嗎？這個你們怎麼做不到呢？你警號多少，我要投訴你……。」

這絕不是偶然事件，生活中類似這樣的人和事實在太多太多了。

在這些人眼裡，沒有別人，只有自己。

這樣的人在生活中可能是家長，是家裡說一不二的山大王；可能是配偶，面對另一半的時候總是很強勢很固執；也可能是主管，在單位裡是極其自我不容冒犯的權威。

他們有很多共同的特徵：**習慣一切都要按照自己的意志來，對身邊人或下屬很嚴厲。所有的規則和秩序必須由他們來制定**，身邊人最好都很聽話、很配合，任其擺布最好。

對待子女，要求孩子乖順、聽話；對待伴侶，希望對方處處都要聽自己的，哪怕一個裝飾品的擺放也要遂了自己的意願；與朋友相處，總愛不停的評價、指點、貶低別人，處處爭強好勝、好為人師；對待公司其他同事，很容易否定別人的想法和業績，容不得別人有一點不同意見或建議。

總之，在其各種人際關係裡，他都要當那個擁有最大話語權的人，處處控制、干涉別人。

在現實中一旦遇到挫敗或什麼麻煩，他決不會從自身去尋找原因，而會怨天怨地怨別人：都是你們不好，你們讓我失望了。

＊＊＊

諮詢中經常會碰到這樣的案例。

最近的一次，一對中年夫妻帶著二十多歲的兒子來做諮詢，夫妻倆跟我痛訴兒子的種種不可思議，認為兒子心理肯定有問題。

原來家裡因為兒子工作的事情爆發了衝突：爸爸好不容易托人給兒子找了個好工作，夫妻倆非常歡喜，連問都不問兒子，直接通知兒子去那家公司見人家主管。結果，被兒子一口回絕，兒子說這不是我喜歡的工作。

夫妻倆暴跳如雷，前所未有的團結一致向兒子開炮：「不識好歹的東西，你是有病嗎？那麼多人想去的公司，你竟然不去？」

相比父母的激動和指責，兒子顯得更冷靜、鎮定，他跟我說：「妳知道嗎？從小到大，我上什麼樣的學校，學什麼樣的專業，交什麼樣的朋友，吃什麼樣的東西，什麼時候該說什麼話，全部都要聽他們的。如果我表示不同意見，他們就會說我叛逆，說我不孝順，說真的，我早就煩死了，我的人生，憑什麼我自己不能做主？」

兒子在表達肺腑之言，他的父母卻像聽天方夜譚一樣面露不屑、嘖嘖有聲。我知道，他們根本沒有耐心去傾聽兒子的心聲。

有些夫妻或情侶來做諮詢，也是因為面臨同樣的困局，兩個人經年累月打了一輩子仗而不明所以，透過諮詢才明白，兩人關係不合的主要根源就在於，他們潛意識裡都只希望對方聽自己的，滿足自己的種種要求和願望，而沒有意識和能力去聽到對方、看到對方，去感受對方的真實存在和真正的需要。

很多成年人的身體成熟了，但心理水準還處在嬰兒時期。

就像處於全能自戀[26]狀態中的嬰兒，認為自己的所有需要都應該被滿足，自己所有的事情都應該被實現。一旦沒有被滿足，就會產生嚴重的失控感和憤怒感。

處在全能自戀中的人，其邏輯通常是：如果世界沒有按照自己的意志來運轉，沒有完全滿足自己的需要，一定是這世界出了問題。

＊＊＊

在人的一生中，有三次重要的成長：

第一次，發現自己不再是世界中心的時候。第二次，發現即使自己再怎麼努力，有些事情也無能為力的時候。第三次，就算有些事情自己無能為力，也能堅持不放棄的時候。

很多人未曾經歷第一次成長，還活在自我中心的狀態裡。

認識並接受自己不是世界的中心，是很重要的成長。

就從這裡開始第一次的成長吧。

治癒你

很多人活在全能自戀的狀態中，認為自己的所有需要都應該被看到，被滿足。這樣的人在關係中只能看到自己，看不到其他人。在現實中他們會屢屢受挫，並不斷在挫敗中產生憤怒感和失控感，會覺得：不是我不對，而是這個世界出了問題。

我們是怎樣一步一步把話聊死的

我不說話，你來猜，
如果猜準了說明你愛我、了解我；
如果猜不準，說明你不愛我、不了解我。

＊＊＊

他失戀了，賭咒發誓說以後再也不談戀愛了。

談起失戀的原因，他說是上禮拜和女朋友發生激烈的衝突，導致分手。

他上週的工作壓力很大，就想跟女友傾訴一下減減壓。

他：「這禮拜感覺特別累，我們在一起的時候一定要輕鬆點啊。」

她：「你的意思是說，我讓你不輕鬆了嗎？」

他：「我不是這個意思，我的意思是我很累了，我們在一起別動不動生氣、吵架。」

她：「我什麼時候惹你生氣了？就你累，難道我不累嗎？」

26 亦稱為全能感，認為世界必須按自己的想法運行。

他：「上禮拜出去玩，妳事情特別多，態度又不好，我真有點受不了。」

她：「你是討厭我了嗎？不喜歡就直說呀。」

他：「我的話妳聽不懂嗎？我是說，妳能不能溫柔一點，別讓我煩。」

她：「這麼快就覺得我煩了，你是想分手嗎？想分就直說呀，別故意找碴。」

他：「妳為什麼老提分手，真想分是吧，這可是妳說的啊，分了別後悔。」

她：「明明是你想分手，我不過是替你說出來了呀，裝什麼裝。」

他和女友的對話逐漸變成互相攻擊、謾罵，陳穀子爛芝麻的事統統抖摟出來，彼此都感覺很糟糕，對話最後以「滾蛋，認識你我倒了八輩子楣」宣告結束，然後她直接把他封鎖了。

我問他：「你現在冷靜下來了，回頭看這件事，會想到些什麼呢？」

他說：「我感覺分手分得有點莫名其妙，明明我們還約好了週末去天津玩的。」

我：「你覺得是哪個環節出了問題呢？」

他撓撓頭：「我也想不明白呀。」

我讓他把和女友的對話寫下來，再大聲唸一遍，唸著唸著，他撲哧一聲笑了：「我知道問題出在哪裡了，我不該一開口就指責她。」

我：「如果可以重新對話，你會怎麼表達呢？」

他：「肯定不會用指責的方式了。如果我是她，突然被男朋友指責了，一定也會生氣的。唉，其實我只是想跟她撒個嬌的。」

他說得很對，他本來是想跟女友抱怨一下，希望女友哄哄他、安撫一下他，沒想到自己一張口就是指責，且這個指責馬上激發起女友的猜忌和怒火。年輕的女友顯然還沒有能力去識破他表達背後的真正意圖，完全承受不了他的情緒。

他：「我知道該怎麼做了。」

他千恩萬謝的走了，第二天給我發來一條短信：「我們已和好，謝謝老師。」

＊＊＊

仔細觀察，類似的情境在生活中比比皆是。

原本我們想表達A，卻被對方理解為B，然後我們認為對方理解的是C，然後兩個人的對話完全不在一個頻道上。

一個女生瘋狂的喜歡上一個男生，屢次諮詢都在困惑煩惱，為什麼兩個人的關係就是沒有辦法向前推進呢？

女生各方面條件都很好，長得又很漂亮，而且種種跡象表明，那個男生也是喜歡她的。女生說有時候眼看著兩人就快要擦出火花了，但不知在哪兒拐個彎突然又平息了，遲遲捅不破那層窗戶紙。

為此女生傷心的哭了好多次，從自身找原因，從外部找原因，始終不明白問題到底出在哪裡，對此我也很納悶。

有一天她在跟我講述他們的微信對話內容時，我感覺到了什麼：「妳和他平常都是這麼聊天的嗎？」

她說：「對呀。」

我：「妳有沒有覺得有什麼地方不太對勁？」

她：「有，我一直奇怪的是我們經常說著說著就說不下去了，突然中斷了，有時我這邊還等著跟他說話呢，他那邊早已經跑去做別的事了，弄得我還挺生氣的。」

我：「妳和他，完全在各說各的呀。」

她瞪大眼睛：「怎麼會，比如呢？」

我：「比如那個男生跟妳講他喜歡踢足球，妳完全沒有理會，反而問他給自己閨密買什麼生日禮物好。而妳的這個問題他也沒有理會，直接跟妳說他準備和同事吃飯去了。」

她拍拍腦門：「呀，真的欸。」

我說一句話，你當沒聽見；你說一句話，我也當沒聽見。這不叫聊天，這叫各說各話。兩個人對對方都沒有一點傾聽、回應、探究的興趣，這戀愛還怎麼談得下去。

誰不喜歡當自己說什麼的時候，有人能認真的傾聽，並給予熱誠的回應啊？

女生問：「那老師我該怎麼辦？」

我：「妳和家人平時在一起都怎麼說話呢？」

她仔細想想，突然笑了：「今天早上我們家因為說話還差點爆發戰爭。」

原來這天早上，晨練回家的她媽媽問她奶奶：「媽，妳吃飯了嗎？」

她奶奶說：「妳沒看見嗎？鍋都洗了。」

她媽媽不再言語，神情卻明顯不悅，這時候她爸爸跳出來了，跟她奶奶說：「媽，我發現妳有個特點很久了，人家問妳什麼話，妳從來都不正面回答，說出來的話還很傷人。問妳買菜了嗎？妳說自己不知道去看看冰箱啊。問妳吃飯了嗎？妳說鍋都洗了，為什麼妳不能直接說：吃了，或者，沒吃。」

她奶奶說：「我說我吃了，連鍋都洗了。」

她爸爸說：「妳絕對沒說吃了，妳說的是『沒看見嗎？鍋都洗了』，而且是帶著情緒說的，妳這是在跟誰生氣嗎？」

她奶奶拉下臉：「我成天這麼辛苦，給你們買菜煮飯我還有錯了？」

然後，幾個人差點就吵起來了。這原本是不該發生的爭執，如果這個奶奶能直接就事論事回答的話。

這個女生，正是這個奶奶帶大的。

仔細回想起來，很多時候她和奶奶的對話，就是在各說各的。奶奶好像沒有能力去聽懂她到底在說些什麼，有時一件事情需要她反覆強調、提醒，奶奶才如夢初醒有所回應，但過一會兒又故態復萌：「喲，我忘記了。」

我一個朋友的孩子很有意思，每當和父母坐在一起談論或決定一些重要事情的時候，他都會當場錄音，並提醒大人：「今天你們的話我可都給錄下來了，呈堂證供，以後不許反悔哈。」

小小年紀竟懂得用這種方式來保護自己，以避免日後的推卸責任。

很多人跟我說，有時回到家都懶得跟家人說話，最主要的原因是彼此的溝通有時完全不在一個點上，說起話來很費力氣，容易因為理解有誤而生氣翻臉。為了家庭關係的和睦，彼此乾脆少說話。

那些沒有耐心聽別人說話的人，那些不能就事論事來回應別人的人，是可以快速把話聊死的高手。

面對這樣的人，你還不能責怪什麼，因為說不定他還覺得委屈呢：你為什麼要問我，難道你自己沒長眼睛嗎？你看不到、猜不著嗎？很多事我不說，你也應該知道啊。

這樣的人通常比較自我，總是活在想像中，難以看到真實的自己和他人，人際關係裡缺乏界限，心中常懷怨恨委屈，逮住機會就把自己的負面情緒投射到人際交往中，容易把別人弄得莫名其妙，甚至內疚自責：是我做錯了什麼嗎？

＊＊＊

不能直接表達的人，成長過程中往往有過直接表達後被拒絕、否定、打壓，甚至被羞辱、貶損的經歷，直接表達對他而言可能有障礙、有風險，以致他慢慢會用防禦來保護自己：我不說話，你來猜，如果猜準了說明你愛我、了解我；如果猜不準，說明你不愛我、不了解我。

這樣的人倘若做了父母，往往會培育出兩種孩子。

一種孩子缺乏耐心、脾氣急躁，動輒大動肝火、暴跳如雷，仔細了解其成長經歷後其實就能理解他們。因為如果他不抓狂的話，不足以引起父母的關注與重視，只有當他生氣發作了，父母才能有所收斂和改變。

另一種孩子外表溫順，凡事喜歡說「隨便」、「沒關係」、「你猜」、「都可以」。在生活中如果不小心被誰猜準了心思，他會立馬視對方為知己。倘若要反抗父母家人，這樣的孩子從來都是不動聲色、不露痕跡的。不輕易說話，不輕易表達內心真實的想法，看上去很溫順、很聽話，卻動不動一臉無辜的把事情搞砸，是他們叛逆的不二法寶。

我曾見過一個孩子，在面對苦口婆心、喋喋不休的爸媽時，擺出了一臉配合、拈花微笑的佛系表情，那雙滴溜溜亂轉的眼睛卻出賣了他的內心世界：你說，你趕快說完，我不說，我不解釋，我不生氣……。

等到訓他的人過足了嘴癮，那孩子「嗖」的一下站起來，瞬間逃離得無影無蹤。

治癒你

能好好說話、交流的人，情商真的很高。很多時候的交流不暢，來自我們只聽到自己的表達，聽不到對方的表達。不善於直接表達，喜歡讓別人來猜，來自我們害怕被拒絕、被指責。學會傾聽別人，學會真實的表達，是交流順暢的前提，在人際交往中也能避免很多誤解。

就一句話而已，你為什麼這麼生氣？

對他人評判的擔心，
源自我們對自己的不自信。

＊＊＊

老友聚會，一個朋友用半開玩笑的口氣跟他說：「你看你這小子，白白胖胖的多滋潤哪，肯定在家裡什麼事都不用操心吧。」

此話當即令他胸口一緊，表面上雖然還呵呵笑著，心裡早已不爽，回家後很生氣的跟妻子抱怨：「憑什麼這麼說我，我的生活狀況他知道嗎？一副他看見我在家裡什麼樣似的。」

妻子很納悶：「就一句話而已，至於這麼生氣嗎？哎，你有沒有覺得你很容易發火，越來越開不起玩笑了？」

冷靜下來他自己也琢磨：對呀，為什麼我這麼容易被激怒呢？

相信生活中很多人都有這樣的體會，有時候你認為很正常的一句話，說出來卻會讓對方反應特別大，然後你會被對方的反應嚇一跳，覺得對方莫名其妙。然而，這只是一種很微妙的感覺，雙方還不好說破，或者去辯解什麼，容易讓彼此心中嫌隙暗生。

就像被朋友的話激怒的他，對自己的反應也頗感奇怪，不過他的疑問很快在這次的諮詢中得到了解答。

他出生在父母都很強勢、很自我的家庭，這就給身為孩子的他造成了一種痛苦，因為父母總是習慣以自己的想法去揣摩孩子。從小到大，凡事他都很難有自己的發言權，或者即使表達了，父母大人也全當沒聽見，他的話就像一記重拳打在棉花上，卻換不來任何反彈迴響。

初一有一天快放學時，他被老師臨時起意留下來幫忙布置教室，回家就有點晚了，一路上他原本還想著要跟父母炫耀一下，結果還沒來得及開口，就被父親劈頭蓋臉一番叫罵：「你給老子死哪裡去了，也不看看現在幾點鐘了？」

他一下子緊張起來，一緊張舌頭就不俐落，說話磕磕巴巴：「不，不是的，我是被老師留在學校……。」

他爸和他媽對視一眼，鄙夷的說：「說吧，你又幹什麼壞事了，都把你留校了。」

他說：「我沒有幹壞事，我是在幫忙布置教室。」

他爸一愣，然後突然笑起來：「你？布置教室？」

他媽說：「你肯定又在撒謊，就你的字，還布置呢。」

他爸趨前一步，一巴掌打在他臉上：「說實話！」

他又急又氣，捂著臉快哭了：「我就是留在學校布置教室，老師說我畫畫得好。不信你們去問呀。」

父母後來跟老師確認了他的確沒有撒謊，卻也沒有跟他道歉。

成長中他被自以為是的父母誤會過很多次，挨過很多不該挨的罵和打，面對認定了他就是怎樣怎樣的爸媽，他從起初的百口莫辯演變到最後的懶得解釋，打罵了就打罵了，父母大人痛快了就好。

懶得解釋的背後，其實是對父母死心了。

他懶得解釋，也懶得深想，總是快速翻篇，把不愉快的感覺悉數抹去。然而，這些成長中被傷害的痕跡並未消失，只是被他壓抑到潛意識層面了。

人際關係中，容易激怒他的，容易讓他感到委屈的、憤恨的，正是對方語氣裡不容辯駁的「肯定」：

「你肯定是這麼想的。」
「你肯定是這麼做的。」
「你肯定是這樣的人。」

這個「肯定」，是對方把你看透了的自信與篤定：別解釋，說破天也沒用，你就是這樣的，我把你看得準準的、死死的。

這個「肯定」，重新勾起了潛意識裡父母帶給他的憤怒與創傷。

＊＊＊

在諮詢中經常有這樣的場景，有時當來訪者講完某件事情等著你回應的時候，你會感覺到他很緊張，似乎在提防著、警惕著，看你會不會說出什麼不中聽的話來。

諮詢師的回應與表達最考驗功力，不同的表達會帶來對方不同的感受與結果。有的來訪者會因為諮詢師的某句話而受傷，就此離開，再也不來諮詢了，以這種方式表達抗議。

有時諮詢中我還沒說話，來訪者說著說著會突然衝我說：「妳也認為我很糟糕。」

我說：「你確定這句話是我說的嗎？」

對方會有些不好意思：「我猜的，我猜妳可能會這麼想。」

事實上，諮詢很多時候都在做這樣的澄清。來訪者會把他自己想當然的念頭投射到諮詢師身上，在生活中則習慣投射到其他人身上。

久而久之，**別人往往還沒開口說話，他自己心裡就先有了一個不好的預設，預設對方會對自己有很多敵意和攻擊**：你會不會往壞處想我、你會不會看不起我，你會不會傷害我、你會不會誤會我、猜疑我……。

於是，在靠近別人之前，我們心裡對自己已經有了很多小劇場：你不能說錯話、你不能生氣、你不能失誤、你不能愚蠢……。

還沒見到別人，我們內心沒完沒了的自我攻擊，已把自己傷到體無完膚。

很多人寧肯孤獨也不願靠近別人，正是擔心別人會怎樣評價自己、看待自己。

＊＊＊

生活中的確有一種人，一說話就容易傷人，哪怕是一句好話到了他嘴裡，說出來都帶著刻薄與敵意，小刀子似的嗖嗖亂飛，扎得別人已經很不舒服了，他自己還毫無察覺。

還有一種人喜歡說教，總是站在道德的至高點上指責、評判別人，聲色俱厲、義正詞嚴，彷彿舉世皆濁我獨清，眾人皆醉我獨醒。

對自己越不滿意的人，越喜歡指責別人，把自己身上的負能量和陰暗面都投射到別人身上。跟他在一起會令人倍感壓力，只想快快逃離。這樣的人最缺少的，是對自己的反省與覺察。

如果非要追根溯源，說話傷人和說教型的人，往往來自家教嚴厲的家庭，有比較尖酸刻薄的父母，這樣的父母言傳身教給孩子的，往往是相同的語言模式。

當然，了解一個人越多，最後越不忍心去責備他，因為當我們可以真正去了解別人，就會發現每個人的語言和行為模式裡，都有其原生家庭的影子，都有其成長中的困難與不易。

＊＊＊

對他人評判的擔心，源自我們對自己的不自信。

越是對自己有把握的人，越不容易被別人暗示，被外界動搖。這樣的人往往自我認知清晰、堅定，內在擁有自己牢固的價值觀，不會輕易被別人左右和影響。

過於在意別人，無疑是把自己的喜怒哀樂交由別人去掌控。

我們要學會認識自己，了解自己，相信自己。

這個自信，**不是過度自戀，不要以為別人都在關注你**。

對別人而言，你真的沒那麼重要。**每個人最關注最在意的，還是自己**。

這世上還有誰，比我們自己更重要？

只有我們自己，才是生活與情緒的掌控者。

很喜歡心靈治療大師羅伊．馬丁納（Roy Martina）說的這段話：「我生命裡最大的突破之一，就是不再為別人對我的看法而擔憂。此後，我真的能自由的去做我認為對自己最好的事。只有在我們不需要外來的讚許時，才會變得自由。」

治癒你

有時候，別人連問都沒問過你，就妄加揣測你是怎麼想的、你是怎麼樣的，這一點最令人生氣和憤怒。

喜歡用自己的想法猜測他人的人，自己心裡就有很多不好的預設，有很多敵意與攻擊，因為自己是這樣的，所以覺得別人也是這樣的。如果能理解這一點，你就知道那是對方的問題，就不容易被對方傷害到了。

我遇到的主管都很糟糕

「想像你現在手裡就有一把槍，握著這把槍，你最想殺死誰？」

「我爸爸……。」

說完這三個字，眼淚從他眼角流出來。

＊＊＊

準備辭職前，朋友勸他來做諮詢，朋友的原意是：「你現在的工作環境和收入都不錯，辭掉實在太可惜了。」

他有些不情不願的來了，往沙發上一坐，眼神充滿戒備和警惕，雙手環抱在胸前，一副氣勢洶洶的樣子，令人立刻感受到某種壓力和不舒服。

他的語言表達單調貧乏，敘述中幾乎沒有細節，很多時候我需要仔細問詢或引導，在這樣不太順暢甚至有些吃力的交談中，我努力去拚湊和理解他的狀態。

自大學畢業工作以來，目前這份準備辭掉的工作已是他的第四份工作，前面三個工作都是他主動辭職的。究其根源，他認為都是自己運氣不好，遇到的幾個公司主管都特別糟糕，每次都是因為自己在工作中遭遇了打壓和不公，所以才憤然離職的。

他心裡積壓了很多怨氣，即便講述已過去很久的事情，依然難掩憤恨的情緒。

他講述的那些所謂不公正的事件，從客觀中立的角度看，並非有多麼離譜、多麼嚴重，而是很多人在工作中都可能會遇到的常態，甚至很多時候是主管對下屬正常的安排和要求。比如主管指出他工作中的失誤（他認為是在讓他難堪）、安排調職（他認為是故意整他）、安排他出差（他認為這是吃苦受罪，是在欺負他），很多諸如此類的事情。換一個人可能不會有這麼大的反應，但是到了他那兒，就生氣、委屈得不得了。

我委婉的向他指出這一點，他覺得很受傷：「妳沒見過他們，不知道他們有多可恨，我是忍無可忍才辭職的。」

我：「你遇到的這四位主管有什麼共同點嗎？」

他想想：「嗯，都是男的。我想起來了，我不喜歡男主管，如果是女主管可能會好一些。我也不喜歡男同事，我和女同事關係還可以。」

我：「這四位主管，在你心裡真的都不好嗎？」

他：「不好，都很糟糕。」

我：「這些主管除了你認為都很糟糕以外，平心而論，有沒有哪個人在哪些方面對你其實還不錯的？」

他不假思索的搖頭：「沒有，都很壞，都是欺軟怕硬的玩意兒。我就是對他們太好、太尊重了，他們才會欺負我、輕視我。」

我：「你回憶一下，每次你到一家新公司，和主管最初的關係是什麼樣子的？」

他眼睛一亮：「其實我每次去一家新公司，主管對我的第一印象都是很好的，印象不好也不會錄取我，對吧？」

＊＊＊

仔細回想起來，他和幾個主管的關係模式都驚人的相似。

一開始去新公司的時候，主管對他印象很好，他對主管也很尊重，會主動靠近主管，幫忙做很多事情，甚至有些討好和迎合的意味，那時的狀態有點像蜜月期。

之後相處的過程中，如果他發現主管並沒有以他期待的方式對待自己，就會覺得對方對他不好了。他會很失望，會慢慢拉開彼此距離，不再主動靠近。對主管的看法也慢慢走向另一個極端，之前有多討好、多熱絡，之後就有多反感、多冷淡，背地裡當著同事和朋友的面，他會一直抱怨主管和八卦。

等他怨完、罵完又會心虛，又猜想肯定有人會出賣自己，肯定會把自己的話傳到主管耳朵裡，主管對自己肯定會有看法。有了這樣一種預測，工作中主管的任何一種安排，或者主管說的一些話，只要讓他感覺不舒服的，都覺得是在針對他，對方是故意在收拾他、打壓他。

最初的幾次諮詢，他都在不斷的吐槽、發洩，對於我試圖引導他去覺察真相的行為拒不接受。他沉浸在自己的怨氣裡，認為自己這麼優秀，工作兢兢業業，還要遭遇這麼多不公，運氣簡直壞透了。

這讓我一度覺得這個諮詢比較困難，他的極度自我、缺乏覺察與反省能力，令我有無從下手的感覺。

沒想到轉捩點很快就出現了。

有一天我準備上電梯的時候，竟然和他迎面遇上了，我們打了招呼。當時兩部電梯都到了，他上了先到的那部電梯，我想了想，上了另外一部電梯，他的電梯關門的一瞬間，我看到他的臉色是陰沉的，這讓我有些擔心。

這個擔心讓我對自己的行為有了覺察：一般來講，在諮詢室外碰到來訪者，我是會適當保持距離的，這麼做從諮訪關係來講也沒什麼問題。但我對他的感覺和其他來訪者的確有些不一樣，對他我有些想逃避，這個逃避背後是我對他不太喜歡，甚至有些頭疼。

這件事顯然引發了他的一些情緒。再一次諮詢時，他表達了內心的疑惑與不解，我問他：「我沒有跟你上同一部電梯，你會想到些什麼？」

他說：「我想到的是你是不是看不起我，很討厭我呀。」

我們就此事展開了探討，此次探討讓我看到他其實完全能夠表達內心的感受，也能夠談論一些細節，前提是要在他感覺安全的時候。

事實上，他內心非常細膩敏感，對於別人怎麼看待他、評價他極其看重。和幾個公司主管的關係同樣如此，他很在意主管對他的態度，與對方的相處中，他總是小心翼翼的察言觀色，透過主管的言行舉止去揣摩其背後的意思。一旦有不好的猜測，他會堅定不移的把這種猜測當成是真的，一旦覺得對方對自己有敵意，就會立刻激發起他的敵意。

透過諮詢中的不斷澄清和鑑別，他不得不承認，主管對他和其他同事其實是一樣的，很多時候只是對事不對人，並非故意難為他。他**對主管的怨恨，其實來自和其他同事相比**，他更渴望主管會對他另眼相看且有所不同，當這份期待落空的時候，他就會非常的失望和憤怒。

這些失望、憤怒的情緒是從哪裡來的呢？

意象對話[27]中，漸漸放鬆之後，他閉上了眼睛：我心中有一團火，一團怒火，如果有一把槍，如果犯罪以後不用承擔法律責任，我真想對著人群瘋狂的掃射……。

我：「想像你現在手裡就有一把槍，握著這把槍，你最想殺死誰？」

他沉默了一會兒，喃喃自語：「我爸爸……。」

說完這三個字，眼淚從他眼角流出來。他忍不住開始抽泣。

＊＊＊

他憤怒的根源其實來自他的父親。

一個精神被閹割的孩子，無數次在意念中想殺死強勢的父親。

他用「冷漠疏離、水火不容」來形容自己和父親的關係。從小在他心目中，父親是一個怯懦又霸道的男人，是那種在外面夾著尾巴小心謹慎的做人、回到家裡對妻兒凶巴巴、呼來喝去的男人，屬於典型的窩裡橫。

作為一個男孩，他從未在父親那裡獲得肯定與支持，相反的，父親對他永遠都是貶損和打壓；他若反叛，父親還會二話不說直接用拳頭來對待他。從小他內心就對父親充滿了恐懼、鄙視、痛恨。長大後，他也曾想過原諒父親，甚至渴望去親近父親，但每一次靠近，都會被父親的言行舉止激發出更多的失望與憤怒。

如果一個孩子無法從父親那裡獲得力量與支撐，往往會下意識的**向外去尋求能夠替代父親的那個人**，比如其他長輩、老師、主管等，這些人和父親的角色一樣，都是權威的象徵。

諮詢中他對我的移情也一樣，某種意義上諮詢師也是權威的象徵。

他和幾個主管的關係模式正是他權威移情的體現。

在建立關係的最初階段，如果主管對他比較善意和器重，他對主管的感覺就會很好。潛意識裡會把對父親的感覺和期待轉移到對方身上，在彼此的關係中會投注很多個人情感，希望自己在主管面前享受特殊待遇，並且對他能另眼相看。

這明顯是一種不合理的期待，也是人際關係中缺乏界限與分寸的表現。換句話說，是他自己作為下屬的感覺在內心不斷發生變化，與現實中的主管並沒有什麼關係。

不可否認的是，我們每一個人在現實生活中，對老師、長輩、主管等權威角色或多或少都會有一些畏懼感，這是很正常的，但如果因此產生的情緒已經影響了我們的生活與工作，那就有問題了。

對權威恐懼心理特別嚴重的人，其背後往往有非常嚴厲專斷的父母。這一點尤其會體現在和

27 由中國心理學家朱建軍所創立的心理諮商與治療技術，藉由誘導來訪者進行想像，以其人格深層的象徵，促進其心理健康。

父親的關係裡，許多來訪者的心理障礙與父親功能弱化和形象不良有關。**如果父親是強勢的**、不可親近的，**孩子長大後往往會對權威恐懼、迴避、憤怒**，這樣的人和權威相處起來會比較困難。由於其情緒和狀態的不穩定性，也很難獲得主管的信任和認可，彼此關係很容易被破壞掉。

經常有家長向我訴苦，說自己孩子太怯懦、沒自信，該怎麼辦？我會半開玩笑的說：「有時候你們也要讓孩子贏啊。」

父母的強大，對年幼的孩子是一種保護，但對不斷長大想活出自我的孩子而言，有時是一種障礙。父母若過度保護或貶低、打壓孩子，會讓孩子產生挫敗感和弱小無力感，會對父母產生依賴或畏懼。連自己父母都懼怕的孩子，將來也會懼怕其他權威。

有智慧的父母，一定要學會示弱，學會讓孩子贏，不要讓孩子覺得永遠打不過你，也不敢超越你。只有被父母充分接納包容的孩子，才可能建構起內在的力量與自信。

治癒你

對主管、老師、父母等權威的恐懼，來自早年我們和父母的關係。

父母嚴厲專斷，對孩子過度打擊貶損，會讓孩子產生挫敗無力感，當面對類似父母的權威角色時感到恐懼，也容易移情，潛意識裡會把對父母的期待和怨恨投射到其他人身上，以致會影響關係。

那些受虐兒後來怎麼了？

受虐者一旦成為施暴者，往往出手會更狠。

＊＊＊

無緣無故以極粗暴的方式把幼兒推搡到桌角致其跌倒昏迷，給一歲多的幼兒餵食大量芥末，給哭鬧的幼兒餵食安眠藥，強行往孩子們眼睛和嘴裡噴消毒液……。

相信每一個看到中國攜程親子園視頻的人都不會無動於衷，如此殘忍的虐童畫面，發生地竟然是上海。網路上一片痛罵聲：如此幼小的孩子，這些惡毒的老師怎麼下得了手……作為旁觀者都要氣炸了，難以想像孩子們的家長該有多麼痛心、崩潰。

據說被虐兒童的家長中有一位攜程的外籍高階主管，平時為人風趣幽默，一直信任攜程，信任攜程親子園。當他和家長們一起觀看重播視頻時，這個身高一米九的大男人實在受不了了，一路哭著跑了出去。

在美國，對虐童行為是零容忍的。

這是監視器能拍到的畫面，監視器拍不到的地方會發生什麼，會不會更可怕？不敢去想……。一歲多的幼兒被虐待的話是沒有辦法用語言表達的，這是最令人揪心之處。而已經長大可以表達自如的孩子，遇到此類虐待會怎麼樣？

＊＊＊

諮詢中常聽到一些孩子跟我講老師是怎麼體罰他們的，當然這種情況在北京比較少見，以外地發生的居多。

一位媽媽帶著她厭學的兒子來北京做諮詢，男孩跟我哭訴他恐懼學校，不想再踏進校園一步，我問他為什麼，他舉起他的一根手指：「我經常挨老師打，我們班幾乎所有同學都被老師打過，我這根手指都被打骨折了，有時做夢都夢到自己在挨耳光……。」

我問：「你有告訴家人嗎？」

他說：「說了，沒有用。每次我爸媽都說一定是我不聽話，老師才會打我的。」

他告訴我，有一次他被老師抽了幾個耳光後回家痛哭，他媽媽沒有一句安慰的話，轉身就出了門。

說到此處，我暗想他媽媽可能找老師理論去了，但他接下來的話著實令人震驚：「後來我才知道，那天我媽去了超市，買了好多東西給老師送去……。」

好吧，我承認當時我的心裡既生氣又震驚。

之後，他媽媽進來諮詢時，我提起孩子被老師打的事，她的反應很激烈：「妳是說因為老師打他，他才不上學的？我跟妳說不可能，我兒子不可能是因為這個原因不去學校。他就是懶，就是貪玩。」

我說：「事實上，長期被老師體罰已經造成他很大的心理陰影，妳知道嗎？他一直都很難過……。」

他媽立刻瞪眼揮手：「他不可能為這事難過，不可能。在我們那裡老師打學生太正常了，他算是班裡挨打最少的學生了，我們做家長的都很理解，老師這是恨鐵不成鋼。老師要是放棄你了，都懶得打你，對吧？」

我問：「妳打過他嗎？」

她訕訕一笑：「我和他爸也打過他。有時心疼他，也跟他說，打你都是為你好啊！」

我說：「打你是為了你好，這句話曾經有人對妳說過嗎？」

她馬上搖頭：「沒有，沒有。」

我沉默了，她看我不說話，頗有些不自在，也沉默了。

在這片默然裡過了幾分鐘，她突然喃喃自語：「有人對我說過，我爸媽⋯⋯。」

原來她小時候經常被父母打，其他兄弟姐妹和鄰居的孩子也經常被打，有時有原因，有時沒有任何原因，只是因為大人心情不好。

她周圍沒有一個人對此提出過異議或表達過反抗，打罵孩子在她生活的環境裡是司空見慣的行為，所以她從小就接受了這樣的狀態，等到她長大了打孩子也不覺得有何不妥。

甚至於她而言，**打與被打是一種親密的連結**，是父母對子女表達情感的方式。這就不難理解為什麼她兒子被老師打了耳光，她不但不生氣，還轉身跑出去給老師送禮，或許在她心裡還暗自竊喜：老師打我兒子，說明老師在關注我兒子。

這無疑是一個把很多內心真實情緒壓抑得很深的媽媽，也許有人會問：她真的不怨恨她的父母嗎？

這就回到虐兒的問題上。對一個幼小的孩子而言，父母是天，是最強大的主宰和依靠，幼兒必須依賴父母才能夠活下去。如果他怨恨父母、反抗父母，就有被父母拋棄的危險，而一旦離開父母的庇護，幼兒是沒有辦法獨自存活下來的。

很多孩子被虐待之後，不但不會去怨恨或反抗，相反**還會加倍討好對他們施暴的人**，同時會**把更多的攻擊性朝向自身**：一定是我表現不好，是我不乖、不聽話，所以爸媽才會打我。

而要做到這一點，孩子必須向施暴者認同，必須學會遮蔽、壓抑自己的真實想法和情緒。那個男孩的媽媽就是這樣，在她心裡早就潛移默化的認同和接受了父母的行為：打你是為你好，孩子不打不成器。

如果被打的孩子不認同、不遮蔽、不隔離，巨大的痛苦會令其崩潰，甚至會發瘋。

這些被壓抑的情緒會在何時爆發呢？

在遇到比他更弱小的群體時。受虐者一旦成為施暴者，往往出手會更狠。

那些用盡各種殘忍方法虐待幼兒的人，心裡大多住著一個魔鬼。這些人對待幼兒的方式，往往來自有人曾如此對待過他們。

如果記者去採訪攜程親子園的虐童老師，肯往縱深裡挖掘、探索一下的話，或許能從他們的成長經歷中找到暴行的根源。

一個成長相對順利、心理相對健康的人，是做不出這樣沒人性的事情的。

為什麼說相對呢？因為這世界上沒有一個人的成長是沒有缺憾、沒有一個人的心理是完全健康的，每個人或多或少都有各自的心理問題。

＊＊＊

我記憶比較深的一個諮詢，那是個三十多歲的成功女士，她來諮詢的原因是很恐懼自己腦袋裡反覆出現的一個念頭：碰到嬰兒她總想去擰嬰兒的臉和脖子。有幾次她假裝跟抱著嬰兒的鄰居或路人寒暄，趁大人不注意時偷偷去掐擰嬰兒，當嬰兒哭泣的時候，她會有莫名的快感。

她說，她有時走在天橋上看到有抱著孩子的人，就會產生難以控制的想像：衝上前去把孩子奪下來，一把扔下橋去；坐飛機的時候，若遇到孩子哭鬧，她也會有一個想像的畫面：把那孩子的脖子擰斷……。這些念頭讓她對自己都產生了很深的恐懼。

當我們在諮詢中去探索這些衝動的念頭是怎麼來的時候，她的恐懼開始逐漸減輕。她終於發現多年來自己心裡壓抑了很多怒火與戾氣，這些戾氣沒有任何出口，是她內在不敢輕易呈現的部分，是她藏匿在心底的魔鬼。

而導致她戾氣深重的根源，是從小被家暴的經歷，多年來無論她怎麼遮蔽、掩飾，那些深埋在心裡的創傷與羞恥，從來都沒有真正消失過，它們化作了巨大的怨恨和毀滅一切的衝動。

＊＊＊

能表達出來的瘋狂其實並不可怕，在諮詢中完全可以處理。最可怕的是什麼也不說，直接悶頭就做了。

比如二〇一三年發生在北京市大興區的摔死幼童案，因為嬰兒車擋路影響自己停車，就把無辜嬰兒拎出來當場摔死的被告人韓磊，不僅奪去了幼童的性命，他自己也付出了生命的代價。

幾乎所有人都覺得不可思議。

我看了韓磊在庭審時的表現，以及媒體採訪報導他的成長經歷與生活現狀，當時我有這樣一個想法：這可能是他潛意識裡想要的結果，他早就活得不耐煩了。從小到大不停與人鬥毆、一直處在難以控制的怒火中的他，內心深處有著強烈的毀滅衝動，最終的這個瘋狂之舉幫助他了結了所有的一切。

治癒你

從小在打罵中長大的孩子，心裡埋藏著一座火山。小時候沒有能力反抗，相反還要討好那些虐待自己的人，長大後一旦遇到比他更弱小的群體，他就會轉變成施暴者，以從前別人對待他的粗暴方式去對待弱者。當受虐者變成施暴者，往往會更加兇狠。

千不怕萬不怕，就怕成為普通人

接受自己奮鬥一生也可能終將平凡的現實，
是我們與自己最大的和解。

＊＊＊

一對夫妻神神祕祕的來做諮詢，我一眼發現男的經常出現在電視裡，也許是看我的態度和表情沒有出現驚訝，他太太此後的話題始終圍繞著要讓我知道她老公是個公眾人物，直到我默認「是的，我知道他是誰誰誰」，她才開口講起來諮詢的目的。她老公則一臉苦笑。

來諮詢的原因，是她十二歲的女兒不願去上學，也不願去上各種培訓班了。

我問她怎麼看待這件事，女兒的情況有可能是什麼因素導致的？

她以不可思議的表情看著我：「我不知道啊，我要知道就不來妳這裡了啊。」

她老公說：「妳不可能不知道，我都知道是為什麼。」

她側臉看他，聲音有些嚴厲：「妳說說是為什麼？」

她老公說：「不都是妳逼的嗎？妳讓她一點學習興趣都沒有了。」

此言一出，他太太的表情瞬間經歷了陰晴雨雪各種轉換，倘若不是我在現場，一場大吵恐難避免。

原來從女兒剛剛安住母體還沒出生的時候，這個媽媽就為她的未來設想了種種前景，必須接受最好的教育，享受最美好的人生。簡言之，做一個人上人，於是從娘胎裡就開始各種胎教，出生後各種早期智力開發。

彷彿是為了印證媽媽的無比英明，女兒從小也的確表現得比同齡孩子更聰明伶俐，所到之處誇讚無數。媽媽在一片譽美聲中獲得了巨大的滿足，找到了人生最大的價值，對女兒的教育栽培更用心了。女兒的每一點進步，她都要發到微博、朋友圈廣而告之，點讚的人越多，她越開心。對女兒的鼓勵永遠都是：「**加油，妳要當第一，妳是最棒的**。」

令她失望的是，漸漸長大的女兒，對上學和培訓班越來越牴觸，最後發展到一進學校就頭暈胸悶不舒服，害怕考試，尤其害怕宣布成績的時候。

我：「孩子牴觸學習可能是感受到壓力……。」

話音未落，她就激動了：「現在誰沒有壓力？哪個孩子、哪個家長沒有壓力，為什麼就她這麼脆弱？」

她老公急了：「孩子課業這麼重，每天作業都寫不完，你還報那麼多補習班，週末都休息不了，你想過她能承受嗎？」

她對他怒目相向：「你管過孩子多少？你數數你一個月有幾天在家，你不管她，我再不管，將來怎麼辦？」

我決定同理她一下，對她老公說：「或許你要嘗試去理解，你妻子對女兒的期待，就像她為你驕傲一樣，她可能希望孩子將來和爸爸一樣，成為一個很成功的人……。」

她拚命點頭：「是的，是的。」

父母和子女的鬥爭與糾纏，父母的焦慮失控後面，都隱藏著一個很高的期待：我的孩子是世上最獨一無二的存在，他應該是最不簡單、最不平凡的，是最應該成為人上人的。

＊＊＊

某天她和上大學的女兒發生了一次尖銳的爭執。

女兒說：「我知道，妳心裡一直對我不滿意，因為我沒有考上一所好大學。」

她申辯：「沒這回事。」

女兒說：「別騙自己了。當我表現好、成績好的時候，妳就跟別人誇我，其實我很不喜歡妳這樣做。」

捫心自問，她覺得女兒說得很對，自己心裡的確有一個遺憾，高考時女兒表現失常，沒有考上理想的大學，在女兒面前她一直試圖掩飾這份遺憾。後來，女兒大學期間各方面表現都很優秀，又讓她覺得很開心，跟人誇女兒，其實是在**彌補自己內心的那個遺憾**。

她以為自己掩藏得很好，原來女兒什麼都知道。

她沉默了一會兒，對女兒說：「妳說得很對，我曾經是對妳不太滿意，因為我對妳的期望太高了，妳從小到大的表現讓我覺得妳不該是一個普通的孩子，但其實這對妳來講這是很不公平的。想想媽媽讀書那個時候，學習糟透了，跟妳完全沒法比，妳已經比我強太多了。以後我不再要求妳，尊重妳的選擇。按妳自己的想法去做吧，只要妳健康、快樂就好。不管怎麼樣，媽媽都愛妳。」

此次坦誠的談話之後，她和女兒明顯都鬆了一口氣。

她有自信如此回應女兒，是因為在現實中看到很多悲劇，發生在對孩子要求甚嚴的家庭裡，那些小小年紀就一頭白髮，一臉木訥的孩子，那些一次考試失利就憂鬱厭學的孩子，那些動不動就跳樓自殺的孩子，那些因為網癮叛逆與家人激烈衝突後被送到精神病院的孩子，以及大眾可能並不知曉的實情，北大、清華等名牌大學的學生自殺率比一般學校要高，這還不包括畢業後進入職場因挫敗而自殺的人。

一位執意要休學的北大學生對我說：「剛考上北大的時候我是挺開心的，但真的進了學校，天哪，我發現自己什麼都不是，周圍的同學個個都很厲害，跟他們在一起，我實在太自卑、太有壓力了。」

＊＊＊

每一個孩子的出生，都承載了父母的期望。在父母眼裡，自家孩子和別的孩子都不一樣，從嬰幼兒時期開始，孩子的每一個表情和動作，孩子發育到相應階段本應掌握的某些技能，在父母看來都是比別的孩子更聰明的象徵。在望子成龍望女成鳳的父母心裡，自家孩子的許多表現宛如神跡，都隱含著將來會成為人上人的徵兆。

如果你去幼兒園，聽一堆家長聊天，你會發現那不是聊天，那是自說自話，每個家長都在誇自家孩子：「哎呀，我們家寶寶啊，跳舞都會扭屁股啦；我家寶寶啊，都會洗小手帕了；我家寶寶好聰明啊，都會自己買零食吃了……。」

有個男家長突然大喊一聲：「我兒子一餐能吃八個包子呢！」

誰敢去捅破：這不是正常孩子都會的嗎？

家長失去平常心，把孩子捧得很高，其實給了孩子無盡的壓力。孩子越覺得自己和別人不一樣，越無法承受壓力和挫折。

每個生命都是獨一無二的，但每個生命也都是很平凡的。

對愛子心切的父母而言，要接受自己的孩子其實很平凡很普通，的確需要勇氣。但承認這一點，對孩子來說非常重要，因為這代表一種無條件的愛和接納：**你可以做一個普通人，你可以很優秀，也可以不太優秀，你可以按自己的方式去選擇**要達到什麼樣的目標，**只要那是你喜歡並確定的**。

事實上，被父母無條件接納的孩子，反而會活出自己的精彩。

用英國精神分析學家溫尼科特（D. W. Winnicott）的觀點來詮釋，父母對孩子最好的愛，是接受孩子只是一個平常普通的人，而不是最聰明、最全能的。那些看上去很聰明的孩子，可能意味著心身整合的貧瘠與失敗，一個人心身發展、整合得不好，才需要用聰明來補償。孩子太聰明，從某種角度講，不是一件好事。

＊＊＊

一個美國朋友曾問作家梁曉聲：「你們亞洲人心裡好像都在害怕什麼，那是什麼？」

梁曉聲說：「怕一種平凡的東西。」

朋友追問：「究竟是什麼？」

梁曉聲說：「就是平凡之人的人生本身。」

那個朋友無比驚訝：「太難理解了，我們大多數美國人都很願意做平凡人，過平凡的日子，走完平凡的一生。你們真的認為平凡不好到畏懼嗎？」

是的，我們不怕死，只怕平凡。

因為我們的價值觀無比單一，我們眼裡的成功，只有金錢、名利和權力。

尤其年輕的時候，我們意氣風發、自信滿滿，總覺得自己與眾不同、無所不能。我們總是一邊抱怨忙碌一邊又停不下來，我們總以一個人的社會角色去判定對方的價值，我們總想結交、討好那些對我們有用的人，我們總是和別人較勁攀比，我們總是表面謙和，內心對不如自己的人滿懷輕視和鄙夷……。

我們太想出人頭地，太想驚天動地活一回。

所有努力奮鬥的動力皆來自於此。

所有打擊與創傷皆來自於此。

慢慢的，當我們經歷了人生種種，經歷了歲月和現實無情的挫敗和打磨，人到中年之後才發現，其實很多事情自己都做不到，很多豪言壯語都實現不了。到最後我們往往會由衷的發出感慨，此生**能做好一個普通人已經很不容易了**。

接受自己奮鬥一生也可能終將平凡的現實，是我們與自己最大的和解。

治癒你

有些孩子的過度自戀和驕傲，是從被父母盲目捧高開始的。

每一對父母都希望自己的孩子獨一無二，萬里挑一，如此便失去了平常心，對孩子也造成了傷害。承認自己的孩子其實很平常、很普通，是父母對孩子最好的愛和接納，被父母無條件接納的孩子，反而會活出人生的精彩與高度。

番外篇三
你要堅信，茫茫人海終有懂你的人

＊＊＊

一位跟我做了半年諮詢的女來訪者，和我分享了她近期親歷的一件事情。在這個真實的故事裡，我看到了她所具有的心理學智慧，被她的自我分析與解決問題的能力深深震撼，更堅信我們每個人都是解決自己問題的專家。

週末她和老公去逛宜家（IKEA），逛了幾小時後準備回家，結帳時她感覺老公有些心神不寧，果然，當他們準備把購物車推去停車場的時候，她老公突然很緊張：「糟了，我忘了車停在哪一層了。」

她說：「我記得呀，好像就是地下一層嘛。」

她老公說：「妳知道宜家地下停車場有幾層嗎？好像有四層啊。」

她腦袋轟的一下傻了，但她還是冷靜回想了一下，記得自己先下了車，之後上了幾層電梯到達宜家，車應該就停在最底層。但她老公已然有些慌了，勉強跟著她到了最底下那一層，在偌大的停車場簡單看了看：「不行，一定不在這裡，好像在二樓，我去樓上找找。」

他飛快的跑掉，留下她在原地等待，等了一會兒她有些著急，她再次確定自己的判斷是對的，車應該就在自己所在的那一層。她給他打電話，電話剛通，她還沒說話，她老公就很急促的說：「妳別急啊，我正在找呢，實在找不到跟保全調監視器看看。」

她掛了電話，一位路過的商場員工聽到她的對話內容，熱心的對她說：「調監視器根本沒用，妳知道我們停車場有多少輛車嗎？六千輛啊！上次有客人找不到自己的車，在這裡找了整整一天。」

＊＊＊

她的頭瞬間又大了，又給老公打電話，電話裡她明顯感覺到他非常焦慮：「別急，我找保全商量一下，讓他們跟我一起找。」

她：「不用找保全幫忙，我的記憶沒錯，我有預感車就在我周圍。」

他依然堅持他的判斷，她又耐心的等，半個小時過去了，一點動靜也沒有。她有些急了，再次回想了自己下車上樓的經過，又給他打電話，電話接通她還沒開口，他先不耐煩的大聲嚷嚷：「跟妳說了我在找，我在找，妳耐心等一下不行嗎？我已經很累了。」

她很想衝他發火，但他已掛斷電話，沒給她發飆的機會。

她一個人，站在地下停車場一個多小時，無奈的守著一堆東西，連洗手間也去不了。她感覺自己越來越生氣，越來越煩躁，情緒的沸點快突破忍耐的極限了。

她在無助和憤怒中回想他們的婚姻生活，類似事件已不是第一次發生了。一直以來，一旦遇到突發情況，他總是很慌，一慌就判斷失誤，每次都不如她鎮定。雖然很多次事後都證明她的判斷是對的，但下一次他依然故我，聽不進任何不同意見或建議。

一直以來，她對他的固執早就心懷不滿，雖然她理解不肯輕易聽女人的話，是一個男人愚蠢的自尊心在作怪，但她常常會又後怕又氣憤的設想：倘若遇到緊急關頭生死瞬間，他的慌豈不是會非常誤事，非常可怕？而且最令她深惡痛絕的是他的態度，每次明明是他錯了，他不但不認錯，不去反省自己到底錯在哪裡、下次要不要改，反倒還要先發火，先衝她嚷嚷。他每次的先發制人，都令她更加火大，於是一場爭吵在所難免。多年來兩個人的吵架模式一直如此，總是周而復始的惡性循環。

想到此，她對於即將到來的爭吵突然心生倦怠，從吵架到和好的整個過程她都能提前預料，無論吵得多厲害都會和好……。她突然心念一動：既然最終都要和好，那何必要彼此傷害呢？能不能打破這個吵架模式呢？

這個念頭轉移了她當下的焦慮，她安靜的站在那裡，生平第一次，嘗試把自己放到老公的位置上去思考，結果這一換位思考，讓她很快理解了他。她不但理解了他，還差點因為這份理解掉下淚來。

＊＊＊

她老公從小跟著爺爺奶奶長大，一直到十多歲才回到父母身邊。一個孩子這時候回到原生家庭，和家裡人的關係自然不會太親近，家庭地位和其他兄弟姐妹相比也不一樣了。在爺爺、奶奶家被當作心肝寶貝的他，回到父母家之後，從心理上首先就矮了一大截，此前被寵愛的優越感蕩然無存。

他父親工作忙，長年總不在家，母親對他非常苛刻嚴厲，百般挑剔，幾乎沒有一絲溫柔可言，令他對她又怕又恨。在那個大家庭裡，他學會了小心翼翼、察言觀色，學會用各種討好來維繫自己在家中的位置，充分體驗了弱小無助的感覺。

他曾流著淚跟她講過，他一直覺得自己心裡很冷、很荒涼，沒有人愛他，沒有人真正關心他。念高中時，家裡無法給他提供安靜的學習環境，他自己選擇去學校睡地鋪吃冷饅頭，放假去建築工地打工，去爺爺、奶奶家幫幹農活，可謂吃盡了千般苦，才考上大學來到北京，改變了自己的命運。

戀愛的時候她沒感覺，結婚多年以後，她才發現這樣的成長經歷對他人生的影響有多大，對婚姻的影響有多大。這個男人內心沒有安全感，很難與人保持真正的親密，在人際關係中極其缺乏界限與分寸，表面上是那種你好我好大家好的濫好人，心裡實則埋藏了一座巨大的火山。平時的他怎麼樣都好說話，就是別否定他、責怪他，一旦誰讓他感覺到有指責的苗頭要出來，這座火山就要先行爆發，跟他平時的表現判若兩人。

他對她的情感裡，完全投射了自己和母親的關係。他的確很愛她，對她的一言一行都很關注，但關注得太過分了，以致只要她臉色稍有變化，他就認為她可能要生氣或指責他，他會立刻趕在她前面先行發作，而且動不動就指責她在欺負他，指責她像他媽一樣強勢苛刻。他的過度反應往往會真的激怒她：我還沒開口說，你倒先暴跳如雷了？

一看到她真的生氣了，他會加倍地憤怒：啊，我猜得果然沒錯，妳就是喜歡指責我，妳就是看我不順眼。

於是，兩個失去理智的人同時失控，開始爭吵，每次都把她氣得夠嗆；等到她傷心了，他又心軟哄她，她常對他說：「你把哄我的時間和力氣，用來修練你的脾氣該多好。」

是的，她常恨恨的想，如果不是因為他死心塌的愛她，這婚早就離了。

＊＊＊

一個人明明自己錯了，為什麼還要先發火呢？

別人還沒做什麼，為什麼總說自己被欺負了？

她突然想到了狗。她喜歡狗，所以對狗性比較了解。一般而言，體型大的狗是不愛叫的，或者是不輕易叫的，總是一副沉穩淡定的樣子。生活中叫得最凶、最厲害的，往往是體型小的狗。因為身形弱小，小狗的安全感很弱，動不動就以大聲狂吠來提醒整個世界：你們別欺負我，別惹我哈，別看我個頭小，我可厲害了呢！

但她也喜歡餵養流浪貓，每次遛狗都要帶上食物去餵餵流浪貓。貓對她總是柔情萬分百般親呢，對狗則充滿仇視與警惕，好幾次她的狗想親近流浪貓的時候，都被貓快速出掌搧個結結實實的大耳光。那場景每次都讓她爆笑，狗則氣得要命，從此跟貓結下梁子，偷吃貓糧，見貓就追。

她心疼那些流浪貓，知道牠們是在用主動出擊的方式來保護自己：你是有主人的狗，你體型還這麼大，你會不會欺負我呀，在你有可能欺負我之前，我得保護我自己，我要先打你，嚇唬嚇唬你。

因為缺乏安全感，她老公內心也很脆弱、很弱小，這個弱小感讓他潛意識裡時刻處於防禦性的自我保護：我又說錯話了，又做錯事了，別人一定會責怪我，一定會發火，這實在太可怕、太討厭了。在別人指責我之前，我還是先發制人堵住她吧……。

＊＊＊

二十分鐘後，她再度撥通了老公電話，她還沒開口，他先說話了，語氣裡的焦灼隔著話筒傳遞過來：「別著急啊老婆，再等等，我正和保全在三樓找呢。」

她聲音柔和的說：「你先別掛電話，聽我說好嗎？別在樓上找了，這樣大海撈針找一天也不一定能找到。你不是一直相信我的靈感嗎？今天你選擇再信一次。我反覆仔細回想了，我先下車上電梯的時候，經過了好多樓層，車應該就停在停車場最底層，應該就在我附近的不遠處，只是我沒辦法扔了東西去找。」

他還想反駁，她說：「你就試試吧，不然我們打個賭，輸的人就罰兩百元。」

他笑了，果真帶著保全下來了。幾分鐘後，他欣喜若狂打來電話：「天哪老婆，妳太神奇了，我真的找到車了。我馬上開過來接妳啊。」

回家路上，天已經黑了。

他對她說：「其實還在宜家逛的時候，我就突然意識到忘了把車停幾樓，忘了記車位了，那時候我心裡就開始焦慮了。」

她：「你更焦慮的，是我會怎麼說你吧？」

他：「是的，我害怕這麼熱的天氣我再去找車，妳會等太久，會著急生氣。」

她：「所以你就失去判斷，心裡更慌了。」

他：「是啊，我超慌的，尤其聽妳說整個停車場有六千輛車的時候，當時我都快急死了，然後一想妳也會急呀，然後我就更慌了，跟保全一起在各個樓層瘋狂地找啊，妳看我這一身汗……。」

她：「老公你辛苦了……以後遇到什麼事情都別慌，先冷靜下來，我們一起想辦法。有時候越急，反而越慢。」

他：「以後不會再發生這樣的事情了，以後我一定要仔細些、冷靜些。」

沉默了一會兒，他說：「老婆，謝謝妳啊，我以為今天折騰這麼久，妳一定會對我發火，沒想到……。」

她笑了：「告訴你，以後我不會輕易發火了，因為發火也沒有用呀。以後如果生氣了，就用別的方式解決吧，比如罰款。對了，等一下別忘了把兩百元給我，哈。」

國家圖書館出版品預行編目(CIP)資料

人生很難，你可以不必假裝強大：解憂診療室，芸芸眾生苦，42 個你會遇到的心理諮詢案例：孤獨、創傷、背叛、渴望愛與厭世。/ 王璽著. -- 初版. -- 臺北市：大是文化，2020.06
320 面；17×23 公分. --（Think；196）
ISBN 978-957-9654-85-2（平裝）

1. 成功法 2. 生活指導

177.2 109004057

Think 196

人生很難，你可以不必假裝強大

解憂診療室，芸芸眾生苦，42 個你會遇到的心理諮詢案例：
孤獨、創傷、背叛、渴望愛與厭世。

作　　者／王璽
責任編輯／黃凱琪
校對編輯／林盈廷
美術編輯／張皓婷
副總編輯／顏惠君
總 編 輯／吳依瑋
發 行 人／徐仲秋
會　　計／許鳳雪、陳嬅娟
版權經理／郝麗珍
行銷企劃／徐千晴、周以婷
業務助理／王德渝
業務專員／馬絮盈
業務經理／林裕安
總 經 理／陳絜吾

出 版 者／大是文化有限公司
臺北市 100 衡陽路 7 號 8 樓
編輯部電話：（02）23757911
購書相關資訊請洽：（02）23757911 分機122
24小時讀者服務傳真：（02）23756999
讀者服務E-mail：haom@ms28.hinet.net
郵政劃撥帳號／19983366　戶名／大是文化有限公司

法律顧問／永然聯合法律事務所
香港發行／豐達出版發行有限公司 Rich Publishing & Distribution Ltd
地址：香港柴灣永泰道 70 號柴灣工業城第 2 期 1805 室
Unit 1805, Ph.2, Chai Wan Ind City, 70 Wing Tai Rd, Chai Wan, Hong Kong
Tel: 2172-6513　Fax: 2172-4355
E-mail：cary@subseasy.com.hk

封面設計／Fe 設計 葉馥儀
內頁排版／顏麟驊
印　　刷／緯峰印刷股份有限公司

出版日期／2020 年 6 月初版
定　　價／新臺幣 340 元
ISBN　978-957-9654-85-2（缺頁或裝訂錯誤的書，請寄回更換）

※本書提供之內容，即便情況相同，諮詢手段也因人而異，文中做法請勿盲目模仿、套用。